MW01593836

Los siete pecados capitales

Los siete pecados capitales

FERNANDO SAVATER

EDITORIAL SUDAMERICANA
BUENOS AIRES

Edición al cuidado de Gabriela Vigo

Savater, Fernando
  Los siete pecados capitales - 2ª ed. - Buenos Aires : Sudamericana, 2005.
  160 p. ; 23x16 cm. (Ensayo)

  ISBN 950-07-2673-4

  1. Ensayo Español I. Título
  CDD E864.

Primera edición: septiembre de 2005
Segunda edición: octubre de 2005

IMPRESO EN LA ARGENTINA

*Queda hecho el depósito
que previene la ley 11.723.*
© *2005, Editorial Sudamericana S.A.®*
Humberto I 531, Buenos Aires.

© 2005, Fernando Savater

www.edsudamericana.com.ar

ISBN 950-07-2673-4

Esta edición de 5.000 ejemplares se terminó de imprimir en Kalifón S.A.,
Humboldt 66, Ramos Mejía, Buenos Aires, en el mes de octubre de 2005.

Índice

Introducción

ANTES DE PECAR

Después de la buena acogida que tuvieron *Los diez manda-mientos en el siglo XXI*, tanto en su versión televisiva como editorial, comencé a pensar que quedaban pendientes para el análisis los siete pecados capitales. Volvimos a reunirnos con el equipo creativo y concretamos una nueva serie au-diovisual.

Ahora tienen en sus manos el producto de las reflexiones que suscitan los pecados en nuestro siglo.

Los tradicionales (soberbia, pereza, gula, envidia, ira, ava-ricia y lujuria) están presentes en nuestra vida diaria, algunos devaluados y otros con ciertas transformaciones. Pero cuando los relacionamos con los tiempos que vivimos, nos encontra-mos con infinidad de caminos que llevan a otras tantas pre-guntas que hoy se hace el hombre, y que tienen que ver con el sentido mismo de la vida y la trascendencia.

Se mezclan en los pecados cuestiones religiosas, histó-ricas, económicas, sociales, artísticas y varios factores propios del mundo actual. Tener la mente abierta y olvidarnos de los sectarismos y las ortodoxias nos posibilita ser mejores personas, sobre todo en estos tiempos en los que la complejidad de las situaciones hace difícil comprender el presente del hombre.

Si se toman como punto de partida los pecados, incluso discrepando con el planteo religioso, es posible bucear en el destino que nos espera frente al avance tecnológico. Este destino incluye la posibilidad de crear vida artificial, con el peligro de que nazcan seres perfectos, que para algunos estarán cerca de Dios, pero que desgraciadamente serán deshumanizados. Y ello en un contexto universal donde la injusticia y los desequilibrios entre los que acaparan y más tienen y quienes carecen de todo se hacen cada vez más manifiestos. No nos referimos sólo a la carencia de bienes materiales, sino a la de afecto y solidaridad.

Este proyecto, además de analizar con detenimiento los siete pecados y sus implicancias actuales, me permitió intercambiar ideas con religiosos, escritores, actores, filósofos y personalidades que tienen inquietudes sobre la actualidad y el devenir de los seres humanos. En lo personal fue uno de los hechos más gratificantes, porque, como siempre digo, la discusión y la búsqueda de la verdad debe ser una de las tareas que uno debe exigirse.

También he podido, casi como en broma, conversar amablemente con el propio Satanás, quien defendió cada uno de los pecados e intentó convencerme de sus beneficios para la humanidad y para mí en particular.

La intención, en definitiva, es transferirle al lector estas percepciones para que también le resulten elementos enriquecedores en su propia exploración.

Comencemos a pecar

Cuando hablamos de pecados, suelen generarse prevenciones. Pero ejercerlos es más seductor, atractivo y útil. Nuestra sociedad de consumo nació en el siglo XVIII y, tal como dice el filósofo y médico británico Bernard de Mandeville en su obra *Vicios privados, virtudes públicas,* vive gracias a los vicios. Es decir que si las señoras no quisieran ropas ni joyas, u otros mortales no desearan comer bien y vivir en forma confortable, la industria y la civilización, tal como las conocemos hoy, se terminarían. Los vicios privados se convierten en virtudes públicas y hacen funcionar a la sociedad.

Éste es un punto clave: algo que puede ser un defecto en un individuo, si es analizado sobre una comunidad y suprimido, anularía gran parte del funcionamiento de esa sociedad, que está pensada para dar gustos a personas que tienen deseos.

El escritor francés Jean Jacques Rousseau aseguraba que los hombres nacen naturales y felices porque no tienen deseos, pero en el momento en que empiezan a reunirse aumenta la concupiscencia y, por lo tanto, crece la sociedad, que está hecha para satisfacer esos apetitos.

Quien no desea nada puede, efectivamente, vivir como un anacoreta. El problema es que la sociedad se basa en el anhelo que todos tenemos de poseer cosas, que están relacionadas con la carne, con los afanes y con los lujos. La verdad es que nadie necesita la mayoría de las cosas que tiene o desea, y así ha sido en la historia de la humanidad.

Pensemos en el descubrimiento de América, en los grandes viajes realizados en busca de especias, sustancias para echar en la sopa. Si la gente se hubiese conformado con un poquito de sal en las comidas, otra habría sido la suerte de los exploradores y sus conquistas. Podríamos afirmar entonces que uno de los motores de la historia ha sido la nuez moscada.

Los clásicos siete pecados que todos conocemos, y las virtudes que se supone pueden derrotarlos, son los siguientes: soberbia–humildad, avaricia–generosidad, lujuria–castidad, ira–paciencia, gula–templanza, envidia–caridad y pereza–diligencia. Este listado tiene sus matices, por ejemplo en el caso de la soberbia —la madre de todos los vicios—, la cual puede manifestarse, además, en la vanagloria, la jactancia, la altanería, la ambición, entre otros. Santo Tomás de Aquino define la soberbia como "un apetito desordenado de la propia excelencia". Podría definirse también como un amor desordenado de sí mismo. La soberbia es considerada un pecado mortal cuando lleva al individuo a desobedecer a Dios.

Según los expertos católicos, el pecado no puede reconocerse claramente sin el conocimiento de Dios, y se siente la tentación de explicarlo únicamente como un defecto de crecimiento, como una debilidad psicológica, un error, la consecuencia necesaria de una estructura social inadecuada, etc. Sólo en el conocimiento del designio de Dios sobre el hombre se comprende que el pecado es un abuso de la libertad que Dios da a las personas creadas.

Para el sacerdote católico Hugo Mujica, "el contexto en el que están concebidos los pecados parte de un planteo estético: hay vida, y el hombre está puesto para hacer de esa vida una existencia, que es darle forma a la vida. Una cultura es dar origen y destino a las vivencias. La vida se ve estéticamente, porque dar forma es la actividad artística. O sea, la vida aparece como algo que nos es dado para que nosotros le demos forma".

"La forma básica —explica Mujica— es la proporción. Para los griegos, belleza y orden son lo mismo. Por eso el gran planteo de los pecados pasa por la mesura y la desmesura que lleva a lo monstruoso. La pregunta es: ¿qué proporción se le adjudica a cada pasión del alma, o lo que ellos llamaban deseos, para que se logre la forma humana? El problema es que una planta, por ejemplo, crece en forma armónica. Pero el crecimiento en todo registro humano, desde el psicoanalítico, el marxista, el religioso, el mítico, etcétera, es contradictorio y trágico. En el hombre están las dos cosas: la pulsión al despliegue del contenido armónico y la contradicción. Primero querer adueñarse de sí mismo, y después preferir determinadas proporciones sobre otras."

Según el historiador inglés John Bossy, "los siete pecados capitales son la expresión de la ética social y comunitaria con la cual el cristianismo trató de contener la violencia y sanar a la conflictiva sociedad medieval. Se utilizaron para sancionar los comportamientos sociales agresivos y fueron, durante mucho tiempo —desde el siglo XIII hasta el XVI—, el principal esquema de penitencia, contribuyendo en modo determinante a la pacificación de la sociedad de entonces".

En un principio, los pecados eran una advertencia respecto de cómo administrar la propia conducta. No se trataba como en los diez mandamientos de ofrecer las tablas de la ley, sino de mostrar los peligros higiénicos que podrían asechar a las almas. Se trató de un listado de advertencias sobre los peligros que puede acarrear la desmesura frente a lo deseable. Hoy existe una versión más simplona de esas advertencias, que son los libros de autoayuda, donde encuentras unas fórmulas para no engordar y otras para ser feliz en tres lecciones.

Según Bossy, la suerte de estos pecados terminó en la época moderna, cuando la penitencia dejó de ser la forma de resolución de los conflictos sociales para transformarse en algo psicológico e interior a la conciencia de cada individuo. Fue el momento en que se abandonaron los siete pecados capitales para pasar a los diez mandamientos, que privilegiaban una relación vertical de cada individuo respecto de Dios, en vez de la horizontal entre los hombres, lo cual favorece la introspección personal. Bossy interpreta el paso del Medioevo a la Edad Moderna como un pasaje de lo social a lo individual.

Los pecados adquieren la categoría de capitales cuando originan otros vicios. Santo Tomás describe: "Un vicio capital es aquel que tiene un fin excesivamente deseable, de manera tal que en su deseo un hombre comete muchos pecados, todos los cuales se dice son originados en aquel vicio como su fuente principal...".

Para el especialista en temas islámicos Omar Abboud "el pecado no es algo inamovible. Varía de acuerdo con el punto de vista del observador y en referencia a la evolución del contexto social y cultural. La mayoría de las acciones consideradas como pecado hace dos siglos —un periodo ínfimo en la historia de la humanidad— hoy no tienen entidad pecaminosa. En el Islam no tenemos la visión del pecado original, lo que sí existen son definiciones sobre lo que es lícito o no. Llamamos *haram* a aquellas cosas que están vedadas y *halal* a las que están permitidas".

Considero que las leyes religiosas son convenciones creadas por los hombres y no el resultado de órdenes divinas inmodificables. No importa la antigüedad que tengan las imposiciones, pueden cambiarse y ser anuladas por un nuevo acuerdo entre individuos.

La muerte, que todo lo alcanza

Hay una relación entre el concepto de necesidad y la muerte, porque éste es el paradigma mismo de lo necesario y el castigo para quienes no se someten a la necesidad. Comer es necesario para no morirse de hambre. Las leyes físicas deben ser respetadas; no hay que violar la ley de gravedad porque si saltamos de un séptimo piso corremos el riesgo de rompernos la cabeza. Quienes no respeten las necesarias leyes lógicas verán morir su razón; el trabajo es necesario para ganarse la vida, lo que equivale a decir que quien no lo ejerza perderá la vida y se ganará la muerte; las leyes civiles deben ser cumplidas o el Estado en algunos casos administrará la muerte a los infractores. Desde los griegos, los filósofos amenazan y maldicen a quienes no aceptan en forma indiscutible lo necesario. Sin embargo, hacerlo no nos librará de la muerte, que es lo más necesario de todo lo necesario. Parece lógico pensar que nos veríamos liberados de las necesidades sólo si fuéramos inmortales. La muerte no es un desenlace futuro que podamos dejar de lado mientras prestamos atención a otras preocupaciones.

"Yo creo que la desproporción real —dice Mujica— está dada porque vamos a morir. Nosotros vivimos en una cultura totalmente desproporcionada: podemos llegar sin problemas a la luna, pero es mucho más peligroso pasear por los suburbios de una gran ciudad. Nuestra cultura sabe de su desproporción y, por eso, niega y esconde la muerte. Nosotros vivimos naturalmente setenta años, son los avances de la ciencia los que nos hacen llegar hasta los noventa y cinco, pero sin contenido. Simone de Beauvoir dice que ser viejo es dejar de tener proyectos. La muerte se esconde cambiando la palabra cementerio por jardín, disimulando los coches fúnebres, poniéndoles horarios a los velorios y haciéndolos fuera de la casa. Como anteriormente el sexo era tabú —algo que superamos—, ahora el lugar pasó a ocuparlo la muerte, que es algo de mal gusto para hablar o tratar. La muerte era la proporción, por eso filosofar era prepararse para ella. Por esa razón los monjes tenían una calavera en el lugar donde se reunían a comer, porque la muerte era la memoria de la proporción."

Abboud sostiene: "La muerte es lo único seguro en la vida. Por lo tanto, hay que darle el verdadero valor que tiene. Nosotros tomamos a la religión como un viaje de retorno, que significa que durante tu vida terrenal estás preparándote para la muerte, y según cómo te comportes en ella va a ser tu pasaje a la trascendencia. Por supuesto que si el individuo no cree en la existencia de una vida postrera, los pecados no pasan de ser una serie de normas que, en mayor o menor medida, impone la sociedad. Todo depende, además, de cómo entendamos la religión. Si lo hacemos en sentido estrictamente literario, es algo nocivo para el ser humano. La religión es sólo una pauta de orientación, para que el individuo tenga una herramienta que lo ayude a cometer la menor cantidad posible de actos no lícitos".

Según el rabino Daniel Goldman, "relacionamos el bien y el mal con la vida y la muerte. Está descripto en el espacio bíblico cuando dice que, dados la vida y el bien, y la muerte y el mal, escoge por lo tanto la vida. Pero para esto nosotros debemos tener conciencia de qué es la vida y qué es la muerte. En este sentido, hay un cuento de la literatura rabínica que relata la desesperación de Adán cuando llega la primera noche, creyendo que el resto de la vida iba ser así porque no sabía que después de la noche venía el día. Por lo tanto, cuando hablamos de cuestiones relacionadas con lo privado y lo público, el bien y el mal, uno tiene que tener claro qué implican cada una, para tomar una posición y oponerse o apoyarla".

El filósofo francés Augusto Comte asegura: "No puede dudarse de que todo progreso social descansa esencialmente sobre la muerte". Para confiar en el progreso, hay que tener confianza en la muerte. Si uno analiza las escrituras, encuentra que el Ángel Exterminador no es más que alguien que nos anticipa un futuro sin lacras, y no la espada flamígera con que nos mata y nos señala el camino.

Hay una expresión de resignación que se utiliza cuando muere una persona y que me pone de pésimo humor: "Es la ley de la vida". Está claro que amo la vida, pero no sus leyes, sobre todo aquellas que tienen relación con la muerte, porque se me ocurre una injusta tiranía. Frente a esta situación, me pregunto si puedo decir sin equivocarme que realmente amo la vida.

Los pecados capitales son comportamientos naturales que, por exceso, dejan de ser operativos. Es lógico que tú quieras alimentarte para reponer fuerzas; pero si te da por comer una vaca entera, el hecho deja de ser operativo ya que, con suerte, no podrás moverte en una semana. O está muy bien que te gusten las señoras para que la especie no se extinga, pero claro, si vas violando a cada una que ves en la escalera, estás cometiendo un exceso que termina bloqueando el deseo.

Omar Abboud asegura: "Existe una industria para generar deseos y apetitos. Estamos viviendo una época donde muchos dicen no tener religión. Creo que pueden no tener creencias monoteístas o de cualquier otro tipo relacionado con dioses, pero sí tienen una gran religión: el capitalismo y el consumo llevados al paroxismo, como absolutos. Vivimos inmersos no en los pecados capitales, sino en los pecados del capital. La contrapartida de este pensamiento es que podría afirmarse que se trata de un deseo de progresar y adquirir elementos materiales para tener un mejor bienestar. Allí entramos en la duda sobre lo que es o no bienestar".

Se habla de deseos desordenados. Pero la pregunta es: ¿por qué el deseo tiene que ser ordenado? Lo único que quiere el deseo es saber cuán lejos puede llegar.

Cuando hablamos de concupiscencia, nos referimos a un concepto que afecta exclusivamente a los humanos. Los animales no son concupiscentes, sólo tienen apetitos que se satisfacen. La concupiscencia es la infinitud del apetito, lo ilimitado. Además, a los animales no se les conocen muchos caprichos —en verdad casi ninguno— y no tienen fantasías, que es algo que a los humanos nos lleva buena parte de nuestro tiempo. Después de resolver sus necesidades y descansar no se empeñan en inventar otras nuevas, ni más ni menos sofisticadas que las anteriores resueltas y para las que están programados. Por supuesto, esto se da en toda su dimensión en aquellos bichos que no han sufrido ningún tipo de domesticación por parte de los hombres.

Respecto del orden y el desorden, dice Daniel Goldman: "Yo le tengo mucho miedo al concepto de orden, que se asemeja al fascismo. Lo obsesivamente ordenado es desorden. El exceso de impulso positivo lleva al mesianismo, al fundamentalismo, y esto es un impulso negativo. En nuestra tradición, el ritual de oración se llama *sidur,* que viene de la palabra *seder,* que quiere decir 'orden'. También se les llama *seder* a las dos primeras noches de la Pascua Judía. No existe comunicación si no hay orden. No hay libertad sin orden. Lo opuesto a la libertad es el desorden. Por ejemplo, la esclavitud tiene que ver con un desorden de valores y de no comprender quiénes somos. Es más, el castigo que espera a quie-

18

nes viven alejados de los preceptos es el del desorden. Esto se ve reflejado en la Biblia, que es un libro concebido para una sociedad agrícola. Ante el no cumplimiento de los preceptos podían ocurrir desórdenes, como que la lluvia no llegara cuando se la necesitara, que hubiera alteraciones climáticas de todo tipo. El desorden se traduce en recibir un clima que no es el habitual al que se espera".

San Pablo decía que teníamos tres enemigos: la "libido sentiendi", la "libido congnoscienti" y la "libido dominante". Es decir la concupiscencia de los sentidos: comer y fornicar; la del conocimiento: querer saber más, la curiosidad, inventar cosas, y el deseo de poder: querer mandar, dominar e imponerse a los demás. Son las tres grandes concupiscencias a partir de las cuales se dan los demás pecados, que mantienen y perpetúan la vida humana. Pero debemos moderarlas a través de hábitos sociales que regulen las relaciones entre los individuos.

Los pecados que nos parecen más "pecados", es decir los que vemos como más culposos y graves, son los que cometemos menos. Siempre son más pecaminosos los otros. El pecado ajeno es agresivo y el propio es una simple extralimitación de nuestra buena voluntad.

"Creo que hay que poner las cosas en su lugar —explicita Abboud— porque la ira, la lujuria, la pereza y la avaricia, por nombrar algunas, eran malas antes de que lo dijeran las religiones, monoteístas o no. Porque el hecho de comerse una vaca entera le hace mal a un hombre hoy o hace seis mil años. Lo que aporta la religión es una condena ante la comisión del pecado, para que los individuos se abstengan. Por eso el Corán indica que el que mata a otro, incluido a sí mismo, peca contra toda la humanidad. Por tal razón, los que se inmolan en atentados suicidas, lo que hacen es no creer en la misericordia infinita de Dios. De ninguna manera el Islam acepta el suicidio. Aquel que lo comete queda sometido al castigo teologal de verse condenado, por los siglos de los siglos y hasta el día del Juicio Final, a sufrir el mismo tormento relacionado con la forma en la que se suicidó."

Durante buena parte de la vida uno entendía como pecado aquello que le prohibían. De niño me enfrentaba al tema cada vez que debía confesarme. Siempre fui soberbio, pero eso no me preocupaba. Contestaba de mala manera a los mayores. Otros de mis pecados eran el mal genio y la pereza de hacer aquellas cosas que me fastidiaban. Pensándolo bien, no he cambiado mucho.

Los pecados son contra alguien. En último término pueden ser contra la divinidad, pero siempre perjudican a otro. El tema es así de fácil: una persona en perfecta soledad no comete pecados, puede caer en errores o imprudencias. Robinson Crusoe está en su isla y allí no tiene posibilidad de pecar, por lo menos hasta que aparece Dios... o el pobre Viernes.

Omar Abboud explica que en el Islam "existen dos tipos de realidades: una ordinaria y otra extraordinaria. En la primera, si yo cometo actos vedados, voy a ser juzgado por aquellos que me ven realizar el pecado relacionado con la acción: los hombres. En la extraordinaria, que es la realidad que vivo internamente, existe una serie de malos pensamientos. Pero el más grave es el que llamamos *shirk*, que quiere decir 'asociación', intentar reunirse con Dios en el hecho creador. Nosotros decimos que no existe fuerza ni poder excepto en Dios. Hasta imaginarse una forma de Dios puede ser considerado un hecho pecaminoso".

LA DEMOCRATIZACIÓN DE LOS PECADOS

El escritor francés Albert Camus retrató en uno de sus cuentos a un mendigo que, mientras todos pasaban a su lado sin reparar en su desgracia, decía: "La gente no es mala, es que no ve". Me parece que la mayoría de los males de nuestra época tiene que ver con esa frase: "La gente no ve", lo cual es un pecado en nuestra modernidad, porque hoy tenemos instrumentos para informarnos de todo lo que pasa en los confines del mundo, pero sin embargo "no vemos". Este es el precio que se paga por algunas ventajas que tenemos unos frente a otros. Ese "no ver" me parece un pecado esencial, del que derivan otros peores.

Otro de los nuevos aspectos que presentan los pecados es que se han democratizado. Algunas cosas que hasta hace unos años eran privilegio de una elite hoy se han popularizado con algunos matices. Podemos no aspirar a poseer una biblioteca de libros forrados en piel y comprar ediciones de bolsillo, con lo que conseguiremos los mismos conocimientos que los ricos albergaban. En lugar de ir a un sastre o una diseñadora de alta costura exclusiva podemos vestirnos con el *prêt-à-porter* y logramos estar a la moda. En el supermercado encuentras los alimentos más exóticos sin que tengas que viajar hasta Hong Kong. Si bien enlatados pierden el aura de misterio y sofisticación, los tienes todos.

En verdad es que se ha generalizado el espíritu principesco. Hay que recordar que en el teatro y en la novela, durante mucho tiempo, las grandes pasiones sólo se les permitían a los ricos. En las obras de Shakespeare no salen pobres. ¿Cómo iban a permitirse excesos los pobres si no tenían medios? Esto sólo era para las clases altas. Hoy, en cambio, todo el mundo puede cometer excesos. Vivimos en una época de democratización de los pecados capitales.

Uno de los temas que catalizan los desórdenes y los excesos en el mundo moderno es la competencia. Tienes que ser un triunfador. Si a los treinta años no has reunido el primer millón de dólares, eres un pobre imbécil. Si no eres el tipo que hace aullar a las mujeres desde las cuatro de la tarde hasta las cuatro de la madrugada, tu virilidad es dudosa. Debes ser el número uno, en una sociedad en la que la competencia busca el éxito material. Para los griegos, que eran muy competitivos, se trataba de la búsqueda de cierto ideal. Hoy es simplemente el miedo a no ser el mejor y, por lo tanto, no valer nada. Ser segundo no sirve. Pueden echarte o abandonarte porque no eres el mejor. No serlo es un argumento aceptado para transformarte en material descartable. Así, en forma constante estás dando el do de pecho, con lo que anulas el placer de poder alcanzar el do de pecho. El miedo a no conseguirlo es mayor que la satisfacción de lograrlo. El temor a no echarnos cinco polvos es superior al placer de darlos.

En nuestra infancia, nos inculcaban mucho menos las virtudes que el rechazo al pecado. Todo era más negativo que positivo. Hay una visión en la que, en el fondo, los vicios son debilidades y las virtudes provienen de la fuerza del bien, son acciones que necesitan de un esfuerzo. Cuando se habla de un virtuoso del violín o de un virtuoso de la pelota, se quiere aludir a que alguien es fuerte y excelente en lo suyo.

Por ejemplo, el escritor y pensador italiano Nicolás Maquiavelo habla de las virtudes de César Borgia, quien no era un virtuoso en el sentido cristiano, pero sí porque era el mejor. Esta idea de fuerza va en contra de la almibarada visión tradicional de la virtud. Muchas veces se dice "fulano es muy bueno, el pobre". Dice don Antonio Machado en su famosa poesía "Retrato": "Soy, en el buen sentido de la palabra, bueno". Porque hay otro sentido que quiere decir tonto, débil, acomodaticio.

Pero existen distintas formas de entender la virtud. Recuerdo lo que le hice decir a Sherlock Holmes en el libro *Criaturas del aire*: "En efecto: creo que la virtud no es una gracia caída desde lo alto a ciertos individuos piadosos o un dócil doblegamiento ante una ley divina o humana, sino la única decisión posible ante las circunstancias dadas. Y cuando digo la 'única' me refiero a la única que permite triunfar, salir con bien, a la más fuerte, a la que comporta menor carga de muerte. Lo mismo que en una investigación la última posibilidad que queda por examinar, aunque sea portentosa o desconcertante, es forzosamente más fuerte que todas las imposibilidades que puedan acumularse para explicar los hechos, así también en cada caso hay una línea de acción posible que, tras su apariencia quizá paradójica o cruel, es expresión viva de la auténtica virtud en marcha, de la moral más enérgica".

"Para nosotros —explica Abboud—, el gran regalo de Dios es el intelecto y no el alma. Porque el intelecto es capaz de someterse, por su naturaleza relacionada con la razón. El alma es rebelde. Si se le rebeló a Dios, ¿cómo no se le va a rebelar a los hombres? Para que el alma haga cosas provechosas y buenas tiene que hacer un viaje desde el pecado hasta lo sublime. Ése es el sentido de la alquimia entre los musulmanes. Cuando los sabios hablaban de convertir el plomo en oro, querían trasladar ese pensamiento y transformar un metal vil (el hombre mediocre) en uno noble (el hombre virtuoso)."

No hay ninguna cultura, ni antigua, ni moderna, ni salvaje, ni civilizada, que haya dicho que la mentira es mejor que la verdad. Tampoco existe sociedad que diga que es mejor la cobardía que el valor, que los cobardes sean más apreciados que los valientes. No hay cultura que asegure que la generosidad sea peor que la avaricia, sino que recomiendan el desprendimiento respecto de los otros. ¿Y todo esto por qué? Porque las virtudes están a favor de la vida. Los vicios en el fondo son debilidades.

Nadie miente porque es fuerte, sino porque se siente débil; nadie es avaro por fuerza, sino porque necesita una muralla de cosas que le pertenezcan para que la muerte no se lo lleve.

Los pecados son debilidades que te aproximan a la muerte, y las virtudes, acciones que te defienden frente a ella. Tú, por ejemplo, puedes no ser hospitalario porque crees que vas a quedarte sin comida el fin de semana, pero difícilmente recomiendes a otros que no lo sean. Todas las sociedades alientan la hospitalidad, porque es algo que nos conviene a todos.

En *Ética a Nicómaco* Aristóteles describe a las virtudes como aquellas cosas que ocupan el término medio. Nos dice que entre el extremo del temerario y el cobarde está la persona que sabe defenderse. No habla del medio geométrico, ni mucho ni poco, sino que cada una de las actitudes ante las acciones tiene un exceso y un defecto que dejan de hacerlas operativas. En una batalla, es tan inútil el soldado que en la trinchera está tirado en el suelo con la cabeza tapada, sin hacer nada contra el enemigo, como aquel que salta afuera y sale abriéndose la camisa para que le peguen un bayonetazo. Es operativo y virtuoso en la ocasión aquel que se asoma con su fusil y defiende la trinchera discretamente y cuidando su vida. Aristóteles aseguraba que hay que tener capacidad de acción para ser operativos y tener eficacia para alcanzar la mayor excelencia. Lo interesante en *Ética a Nicómaco* es que no define las virtudes, sino que dice que hay que buscar a las personas que las poseen para poder aprenderlas. La virtud no se aprende en abstracto. Entonces, él habla del estupendo, del magnífico. ¿Quieres saber cómo es una persona valiente? Piensa en qué amigo te gustaría tener a tu lado en un momento de peligro. Aquel en el que tú confías que no perderá la cabeza y sabrá ayudarte. Ése es el valiente. Respecto de alguien generoso, piensa en aquel a quien recurres cuando estás en aprietos económicos.

Las virtudes se ejemplifican en personas y en acciones. Tal vez alguien valiente lo sea en toda su dimensión, pero —como ocurría muchas veces en la tragedia griega— es iracundo. En definitiva, siguiendo a Aristóteles, las virtudes se aprenden viendo funcionar bien a gente en determinadas situaciones: en la esfera pública, en la batalla, en la vida privada, en el arte, nos damos cuenta de que ese ser es estupendo. Entonces la única forma de llegar a ser virtuoso es intentar parecerse a él.

Dice Abboud: "En la religión islámica, la virtud hay que aprenderla a partir de la vida del profeta, a veces como una extensión de las sentencias coránicas. Entonces —tal como proponían los griegos—, uno aprende virtudes a través de la imitación. De los ejemplos de tus padres, de un amigo y a quienes uno recurre en momentos de necesidades, o de algún tipo de carencia, en tanto y en cuanto aquellos a los que imitemos nos recomienden el camino del bien".

Por otra parte, es verdad que la sociedad está basada en abusos y egoísmos individuales, lo que produce como consecuencia diversidad hasta en los aspectos menos imaginados. Al principio de la Revolución Cubana, Fidel Castro tuvo la idea de suprimir la gran variedad de puros, y producir sólo tres o cuatro clases como reflejo de la búsqueda de una mayor igualdad en la sociedad. Los expertos debieron convencerlo de que, para mantener rentable el negocio de los puros, era necesario conservar la gran variedad que demandaban los fumadores de todo el mundo.

El sentido de la vida muchas veces viene dado por la necesidad. Si estás muriéndote de hambre, no pierdes el tiempo en pensar la dimensión ética de las razones que tienes para buscar alimento; está clarísimo que lo único que importa es comer, porque de lo contrario no llegas a mañana. Esto les pasó a las personas que en 1972 cayeron con su avión en la cordillera de los Andes y para sobrevivir se alimentaron con los cuerpos de sus amigos muertos.

Las necesidades son grandes simplificadoras, de allí que mucha gente eche de menos y recuerde con nostalgia, pese a haberlo pasado mal, tiempos de guerra y de escasez. ¿Por qué? Porque todo se simplifica. Durante un bombardeo no piensas qué tienes que hacer esta tarde, sólo te preocupa esconderte para que no te caiga una bomba encima. Por supuesto que estas situaciones limitan tus expectativas, pero por otra parte simplifican enormemente la búsqueda del sentido. Quien está en su casa abrigado, bien comido y aburrido mira a su alrededor y se pregunta: quedan cinco horas para acostarme, ¿y ahora qué hago?

La búsqueda del sentido de la vida es para los seres humanos satisfechos. Los animales, una vez que comieron, bebieron, hicieron sus necesidades y copularon, se duermen. Descansan muchas veces al día. No tienen nada que hacer y no se preocupan por eso. No hay gatos que se pregunten: "¿Y cómo ocupo yo mi tiempo libre?". Ése es el sentido de la vida de los gatos, dormir hasta que el hambre los despierte.

El instinto animal está orientado para mantener cierto orden. Comen porque tienen que comer, copulan porque tienen que copular, se ponen debajo de algo para que no les pegue el agua y punto. En cambio nosotros debemos ponerles límites a nuestros instintos, porque no los tenemos innatos. Tú eres responsable de poner orden en tu vida. La naturaleza en principio no pone límites, salvo los físicos: el cansancio o el estar absolutamente satisfechos. Lo que no limita es el afán, que es la base del problema con las drogas o con el alcohol. Los seres humanos nos tomamos una copa de más, aun sabiendo que podemos poner en peligro a otros porque vamos a conducir un automóvil, o a nosotros mismos porque nuestro hígado está a un paso de la cirrosis.

Pero existen otros mecanismos: si tú no te controlas, la sociedad lo hace. Tiene dos formas por excelencia: la educación y las leyes. La educación está orientada a enseñarnos a reprimir nuestros deseos incontrolados. Si tú mismo no lo haces, allí está la legislación destinada a reprimirte. Si tienes un afán de poseer cosas mucho más allá de lo que tu dinero te lo permite y decides robarle al vecino, te envían a la cárcel. En definitiva, las leyes tratan de ser el refuerzo de tu autocontrol por si fracasas en tu intento. El problema es que la legislación no logra desactivar los deseos, porque esto iría también contra el desarrollo de la sociedad.

Para Goldman, "la educación implica la limitación del ser humano en base a una cultura determinada. Es decir, lo que la cultura misma considera qué resulta creativo y qué no. Qué está bien y qué no. Entonces comienzan las decisiones ideológicas de los individuos, que implican cómo manejarse con los límites sociales dentro de una determinada cultura. La educación es el arma de la censura por excelencia. Es la forma que tiene la sociedad para indicarte lo que no se debe hacer. En hebreo la palabra 'educación' se dice *jinuj,* que puede implicar 'educación' o, en su extremo, 'ahogo', 'sofoco'".

27

La prudencia, en materia de cuidado de mi cuerpo, es la virtud que más aprecio en mí mismo. Me gustan la bebida, la comida y el sexo, pero siempre he huido de las experiencias que tengan que ver con la fanfarronería competitiva. He tenido la suerte de comenzar a gozar pronto, por lo que, para lograrlo, no necesito llevar a mi cuerpo a estados preagónicos. Creo que Aristóteles tuvo razón cuando insistía en que lo más importante para un ser humano es la prudencia.

Pero, por otro lado, en la vida cotidiana el exceso de prudencia es una de las características de los auténticos pesimistas. La imprudencia vital, que nos enfrenta a las claves de lo mejor contrastado o nos arriesga al remolino de lo no creíble, nace en una íntima sensación de invulnerabilidad. Ser pesimista consiste en carecer de este espontáneo resguardo.

LOS RIESGOS DE NUNCA DECIR "NO"

Los niños y los adolescentes a quienes sus padres nunca dicen "no" carecen del concepto de pecado. Hace poco, estuve hablando con un joven de doce años, con muchos problemas en el estudio y en la conducta, cuyos padres eran súper liberales. Yo le decía: "Pues tú tranquilo, tus padres te quieren mucho, tienes que corresponderles y estudiar", a lo que él me contestó: "No es verdad que mis padres me quieran mucho, no me quieren porque nunca me dicen que no". Y era un razonamiento que no estaba mal pensado, porque consideraba que "lo que quieren es que me vaya, entonces me dicen a todo que sí para que lo haga; nunca me niegan nada porque eso significaría continuar encima de mí, sea para prohibirme o para vigilarme". Los padres que no ponen límites no se dan cuenta de que los hijos están reclamándoles atención y, en definitiva afecto, algo que no se compra con efectivo.

Para Goldman, el tema de los límites está íntimamente ligado a la decisión que cada individuo tome en la materia. "El límite no existe —dice—, tenemos que ponerlo nosotros. Así sabemos cuáles son las cosas que no debemos hacer, y tomamos conciencia de dónde están los excesos. De todos modos, en la tradición judía no existe la idea del pecado, sino la del error. La mayoría de los errores pueden ser reparados. Incluso el mundo puede ser reparado. Así, si vivimos en un error podemos encontrar formas de reparación para lograr el equilibrio constante. En hebreo llamamos *tefilah* a la oración. Es una palabra que también significa 'autojuzgarse'. Para algunos el origen del término proviene del árabe, y quiere decir 'falla', como una falla geológica, donde un terreno queda por encima de otro y donde se produce un rompimiento. Entonces hay que buscar que esos niveles se equilibren."

Es probable que nosotros hayamos recibido una educación en la cual, primero, tenías la idea del pecado y, luego, la de la transgresión, que era lo que te gustaba.

El pensador francés Georges Bataille, en su libro *El erotismo*, insiste en que la mitad del placer es la idea de la transgresión. Una amiga de mi madre, cuando comía dulces, solía decir: "¡Lástima que esto no sea pecado!". Lo que le faltaba al chocolate para ser perfecto era estar prohibido por la ley de Dios. Y de allí viene esta frase tan popular que es un dilema histórico: "Todas las cosas buenas o son pecado o engordan".

Pero ésta es la idea un poco sulfurosa de los deseos que tenemos quienes hemos sido educados en el miedo al pecado y la intriga por la transgresión. El problema actual de los jóvenes es que tropiezan con prohibiciones en el orden social y no en el familiar. El primero que los regaña por emborracharse es un guardia, que les dice: "Acá no se pude vomitar" y les pone una multa. Mientras que en sus casas los papás encuentran simpatiquísimo que lleguen con una borrachera fenomenal. Es decir, primero tropiezan con la ley de los hombres antes de hacerlo con la ley divina. Y así estamos: fornican como conejos, beben como cosacos y los padres... como si vieran llover. La idea del delito llega antes que la del pecado, porque la del pecado debe transmitirse por la vía familiar, algo que no es habitual en los hogares liberales, que tienen una peligrosa tendencia a desentenderse de la obligación de educar y cuidar a sus hijos.

LOS PECADOS REALES, LOS MENTALES Y LOS QUE CAMINAN POR LA CALLE

En algunos lugares, sobre todo en los pueblos chicos, los pecados se personifican, tal como dice el escritor chileno Hernán Rivera Letelier: "En la pampa, de donde yo vengo, en lugares que no tienen más de cinco calles, uno podía ver a los siete pecados caminando. Había una gorda inmensa, doña María Marabunta; representaba a la gula. Felipe el triste, que era como el prestamista, el usurero, representaba la avaricia".

Otro tema para tener en cuenta son los pecados reales y los pecados mentales. Yo tenía un amigo que era un amante de la buena mesa hasta límites insospechados. Pero al hombre, por razones relacionadas con exceso de colesterol y otras menudencias, lo pusieron a cumplir una dieta muy severa. Entonces, buscó algo para tratar de pasarla lo mejor posible. Así todos los días, mientras tomaba su yogurt con un poquito de müslix, leía libros de gastronomía ilustrados, con fotos de corderos asados. Se conformaba imaginando que estaba comiendo platos deliciosos. En definitiva, es parecido a quienes consideran de la misma manera los malos pensamientos y las malas acciones. Uno puede estar castamente haciendo el amor con su mujer, pero para que te pongas en trance nadie puede impedirte que estés soñando con Cameron Diaz.

Según Abboud: "Se trata de un tema que le compete exclusivamente al individuo. La valoración y el juicio de esos malos pensamientos tienen que ver con la propia moral, la ética y con el nivel de autocrítica. Pero en definitiva, para quienes tenemos una vida religiosa, juzga la divinidad. 'Adorad a Dios como si lo vieras —dice el profeta—, porque aunque tú no lo ves, él ciertamente te ve.' Entonces, el creyente está condicionado en esta visión de la vida. Por lo tanto, en estas cuestiones el juzgamiento por parte de los hombres es algo relativo".

En estos tiempos, lo fundamental para el ser humano es luchar contra el aburrimiento. Todo lo que hemos hecho a lo largo de la historia: artístico, lúdico, económico, etc., es para combatirlo.

Muchos de los pecados son instrumentos que se convierten en fines en sí mismos. Son herramientas que se absolutizan. Por ejemplo, cuando practicas el sexo te olvidas totalmente de que su finalidad es la reproducción de nuestra especie. Algo similar ocurre con el dinero, que está muy bien pensado como elemento de intercambio social, pero se transforma en algo malo cuando lo único que se busca es acumularlo y poseerlo como un fin en sí mismo.

Estoy convencido de que casi todos los vicios lo son porque se absolutizan. Es bueno tener prudencia frente a un peligro, algo que nos sirve para llegar a la vida adulta, si no moriríamos pequeñitos. Pero si cuando hay un atisbo de riesgo comienzas a correr, has absolutizado la situación. Has convertido en algo excesivo lo que podría ser funcional.

Uno puede creer en Dios, en el diablo, en la Santísima Trinidad, en la resurrección de los muertos, pero yo particularmente me niego a creer en los sacerdotes, cualquiera sea su extracción. No puedo creerles a obispos, rabinos, pastores y ayatollahs. Creo que cuando son buenos y se les nota, lo son no por lo que son, sino a pesar de lo que son. Aunque debo reconocer que estamos frente a una verdadera estampida de ortodoxia religiosa —con sus matices—, que abarca desde los lugares más empobrecidos del planeta hasta la primera potencia de la Tierra, desde donde sus líderes dicen que están respondiendo a los mandatos de Dios, absolutamente contradictorios unos con otros, según sea el lenguaraz de la divinidad.

I. La soberbia

El escritor discute con Lucifer acerca de la soberbia y la humildad

Satanás: *Veo que el filósofo se aproxima a mi humilde morada.*

El escritor: *Algunas cosas son reales: el filósofo se aproxima; la morada puede ser humilde, o no, podemos discutirlo. Pero lo que está claro es que el habitante de la morada no tiene nada de humilde, más bien todo lo contrario. Yo diría que haces de la soberbia tu razón de ser y existir, pese a que es algo que te ha costado caro.*

Satanás: *¿Caro? Es a lo que uno se arriesga por decir cuatro verdades. Soberbio era mi jefe.*

El escritor: *De cualquier manera yo supongo que debes tener tu orgullo herido, porque hoy solamente eres para todos el Ángel Caído. El que desafió a Dios y fue derrotado, el que creyó que era más de lo que es.*

Satanás: *Creo que nuevamente tengo que poner las cosas en su lugar. Estás en presencia de alguien seguro de sí mismo, algo que muy pocos pueden decir. Porque con muchos como yo el mundo sería otro.*

El escritor: *Pero hombre, si éste es el problema, que el mundo está lleno de individuos como tú. Y no quiero imaginarme qué pasaría si hubiese muchos más.*

"*Tú eres un caso clásico, el de la criatura que no admite su condición de criatura y que trata de imponer su deseo frente a la divinidad. Pero la divinidad te marca los límites que deben tener tus deseos, y la soberbia te cuadra perfectamente. Nosotros, los humildes humanos, cuando mencionamos el término nos imaginamos a Luis XV o Luis XIV en plena gloria. Pero tú sabes muy bien que la soberbia es cosa sencilla de todos los días. En tu afán de dividir y separar, te encanta que rija una desconsideración general hacia el otro.*

Satanás: No me vengas con esa tontera de la desvalorización. Lo que existe es la selección natural. Hay mejores y peores y hay que ubicar a cada uno en su lugar.

El escritor: Ahí está la cuestión. Con qué criterio, quién impone esa selección, quién decide lo que hay que seleccionar frente a lo que no debe ser seleccionado, quiénes son los que deciden qué lugar le corresponde a cada uno. Nadie es más frágil, más vulnerable y más inconsistente que un soberbio.

Satanás: Mi querido filósofo... ¿Quieres decirme que, además de soberbio, soy débil? Tú tienes tus arranques de soberbia, ¿no?...

El escritor: Mea culpa, pero yo no creo que sea realmente soberbia; soy terco, discutidor, y tengo una exagerada tendencia a querer tener razón. Pero no soy alguien que contradice a todo y a todos, como algunos que lo hacen para buscar notoriedad ya que de otra manera no lo conseguirían jamás.

Satanás: Sin embargo, yo tengo entendido que de niño ya eras muy irrespetuoso...

El escritor: Yo, de niño, me preguntaba, y aún sigo haciéndolo, por qué razón debo callar la boca si tengo cosas sensatas que decir frente a algo que me parece una tontería. Nunca sentí que fuera algo pecaminoso, pero debo reconocerte que uno de mis peores vicios ha sido el de querer tener siempre la razón. Mi madre era una polemis-

ta envidiable, y yo tampoco he sabido nunca quedarme callado, siempre he tenido una contestación.

Satanás: *En eso te pareces mucho a mis amigos los gobernantes, de cualquier origen que sean. Pero debes reconocer que sin ellos el mundo andaría a los tumbos.*

El escritor: *Ésos son los peores, y sobre todo aquellos que se esconden detrás de una máscara de humildad que es absolutamente ficticia. Esos políticos o generales o religiosos que no tienen ningún pudor en asegurar que no quieren cargos y que si los toman es por hacer un servicio público. Esos personajes son aquellos a quienes luego les quitas el cargo y no paran de conspirar contra el que los reemplazó. Nada es peor que la falsa humildad.*

Satanás: *En eso coincido plenamente contigo. Yo no soporto ser humilde, ni falso, y mucho menos honesto... digo, hipócrita.*

"Voy a aprovechar para pensar en todo lo que tienen que agradecerme por mi fecunda existencia a lo largo de la historia. Que es algo así como una autocrítica, pero al revés.

La soberbia no es grandeza sino hinchazón, y lo que está hinchado parece grande, pero no está sano.

San Agustín

La soberbia no es sólo el mayor pecado, según las Escrituras Sagradas, sino la raíz misma del pecado. Por lo tanto, de ella misma viene la mayor debilidad.

No se trata del orgullo de lo que tú eres, sino el menosprecio de lo que es el otro. De no reconocer a los semejantes.

"En última instancia —dice Goldman—, la soberbia termina siendo un elemento de vulnerabilidad para el ser humano, que cree que domina una situación y en realidad es todo lo contrario. Es el ejemplo de la inseguridad del individuo frente a determinadas cosas de la vida. Nosotros tenemos un proverbio que dice: 'Uno debe llevar en su bolsillo dos papeles. En uno debe estar escrito: para mí fue creado el mundo y en el otro bolsillo debe decir: soy simplemente polvo y cenizas'."

Quizá lo más pecaminoso de la soberbia sea que imposibilita la armonía y la convivencia dentro de los ideales humanos. Nuestros destinos son enormemente semejantes: todos nacemos, todos somos conscientes de que vamos a morir, todos compartimos necesidades, frustraciones, ilusiones y alegrías. Que alguien se considere al margen de la humanidad, por encima de ella, que desprecie la humanidad de los demás, que niegue su vinculación solidaria con la humanidad de los otros, probablemente ése sea el pecado esencial. Porque negar la humanidad de los demás es también negar la de cada uno de nosotros, es negar nuestra propia humanidad. No hace falta remontarse a la teología para convertir en pecaminosa la soberbia.

La naturaleza de los hombres soberbios y viles es mostrarse insolentes en la prosperidad y abyectos y humildes en la adversidad.

NICOLÁS MAQUIAVELO

La soberbia, como todos los pecados, tiene distintas gradaciones.

Ocurre que hay momentos en los que se toma como soberbio a quien sobresale por sus virtudes. El vicio tiene que ver con la representación de la excelencia, pero no con la excelencia en sí misma. El excelente no tiene la culpa de serlo. La soberbia en estos casos es la excelencia arrojada a la cara del otro.

El filósofo argentino Tomás Abraham aporta otra perspectiva: "Recuerdo una cita de Jean Genet que decía: 'Levantar la cabeza en medio de la silbatina'. Eso es una forma de soberbia, el no agacharse y hacer eco a toda la humildad de la que debemos ser acreedores y, al mismo tiempo, deudores. Si no hay soberbia yo creo que es imposible cualquier entendimiento humano".

Mi queridísimo abuelo Antonio me pidió en su lecho de muerte: "¡Que nunca nadie te haga callar! ¡No dejes que te hagan callar!". Yo le prometí que así sería, y seguí por la vida rebelándome ante todos los que intentaran robarme la palabra.

No voy a negar que me siento muy bien en medio de una buena discusión, una virtud que heredé de mis antepasados femeninos. Para mal o para bien, muchas veces soy dominado por una terquedad natural. Tengo una sensibilidad especial para descubrir qué hay del otro lado de cada planteamiento, lo que el otro calla. Hace años que vengo predicando contra los que hacen de su pensamiento ortodoxo una cuestión de fe. Estos individuos se obligan a olvidar la razón del otro, que se transforma —casi como un juego de palabras— en la sinrazón, en la no existencia de contenidos razonables en las posturas asumidas. Y así sucede: cuando escucho ese silencio intervengo, y por supuesto que lo hago con gusto.

Según Abraham: "Hay un tipo de soberbia que me provoca ira: la soberbia combinada con la ignorancia (propia de aquel que no sabe que la soberbia tiene un costo y que hay que pagar un precio). Es una forma de pedantería cuando uno se permite despreciar al otro sin haberse tomado el trabajo de conocerlo. Pero no me irrita la soberbia en general, es un pecado que fue muy importante en los orígenes del cristianismo, el pecado de Adán. Hay un fondo anarquista en la soberbia que yo aprecio".

Goldman afirma: "La soberbia lleva al individuo a creer que puede colocarse en el lugar del que todo lo sabe cuando lo único que podemos tener los seres humanos son certezas. La verdad es un objetivo en la vida que siempre tenemos que buscar. El creerse dueño de ella coloca al hombre en el estado máximo de soberbia que puede alcanzar. Las sociedades sanas tienen que ver con la búsqueda de la verdad, no con su patrimonio. En ese camino se ha de saber cómo descartar lo falso. No hay más que una verdad, pero el hombre no tiene acceso a ella. En la tradición judía no existe una forma de nombrar a Dios, es innombrable. Dios es una aproximación a lo que nos imaginamos que debe de ser. Verdad es uno de los nombres de lo divino, el sello de Dios, al cual nosotros queremos llegar a través de nuestras únicas herramientas: las certezas".

La soberbia nace cuando la criatura desafía a Dios al no admitir su condición de criatura y tratar de imponer su deseo frente a la divinidad. Pero se supone que Dios marca los límites que deben tener las pulsiones. Entonces, la criatura decide entre servir o no servir a ese Dios, y lo enfrenta cuando decide no ser siervo.

También existe la soberbia racial. Hay pueblos que miran por encima del hombro a otras colectividades, sin haberse molestado nunca en intentar entenderlas. En comprender en qué difieren de ellos, en darse cuenta de que hay otras costumbres, otro tipo de juego social. Entonces se los considera inferiores y descartables. Se los califica de incivilizados, y ese argumento ha ido a caballo de dominaciones y esclavitud. Se termina aplicando la barbarie a quienes se etiqueta como bárbaros.

Según Abraham, existen "ciertas percepciones de países avanzados que desprecian muy fácilmente los despotismos del Tercer Mundo. Como si los pueblos hubieran aceptado ser sojuzgados y no merecieran el aprecio. Hay una soberbia que esconde sus propias flaquezas, las adorna como logros y se permite despreciar al más débil por no haber sido heroico. Toda civilización se ha hecho sobre algún crimen, o sobre varios".

Un ejemplo histórico de soberbia y poder lo dio Napoleón Bonaparte cuando logró que el propio papa Pío VII se trasladara a París especialmente para coronarlo en la catedral de Notre-Dame. Durante la ceremonia, Napoleón tomó la corona y se invistió a sí mismo con los símbolos imperiales, con lo cual se mostró por encima de todos los presentes, incluido el representante de Dios en la Tierra.

Encanto es lo que tienen algunos, hasta que empiezan a creérselo.

SIMONE DE BEAUVOIR

Creo que el vicio social por excelencia es la vanidad, porque es el pecado de los demás. Mientras que las personas orgullosas no dependen de otros —y en eso precisamente consiste su orgullo—, los vanidosos, en cambio, necesitan de los demás. Requieren que los otros los alaben, cosa que el soberbio rechaza. Un escritor orgulloso, cuando alguien le dice: "Pero maestro, qué bien escribe usted y qué magnífica es su obra", piensa: "Desgraciado, si tú no sabes ni leer; qué me importa que te parezca bien o mal lo que yo hago". Mientras que el vanidoso, al escuchar una alabanza, piensa: "Cuánta razón tiene este hombre". Le encuentra algo simpático al adulón más repelente y rastrero que se le cruce. El vanidoso es una persona muy sociable, a diferencia del orgulloso, que se aparta de la multitud: "Solamente mi propio criterio cuenta sobre mí".

39

Tomás Abraham dice: "La palabra 'orgullo' es algo que yo evito pronunciar por razones personales que desconozco. Nunca me gustó la persona que está orgullosa de un hijo, o de ser argentino, o de haber sido premiado por un libro. Siempre me pareció que es como ostentar una adquisición".

Siguiendo el razonamiento de Abraham, puedo entender el orgullo de que nos reconozcan por haber escrito un buen libro o compuesto una sinfonía. Pero hay un punto en el que hay que limitarse. Por ejemplo, aquellos que dicen: "Estoy orgulloso de ser español", como si uno pudiese estar orgulloso de tener dos pulmones o un apéndice.

Por otra parte, nada me abruma más que la falsa humildad. Cuando alguien dice: "Yo no quiero nada para mí, todo lo que pido lo quiero para otros", es una mala señal. A mí la gente que no quiere nada me produce desconfianza.

Más fácil es escribir contra la soberbia que vencerla.

FRANCISCO DE QUEVEDO Y VILLEGAS

Ser soberbio es básicamente el deseo de ponerse por encima de los demás. No es malo que un individuo tenga una buena opinión de sí mismo —salvo que nos fastidie mucho con los relatos de sus hazañas, reales o inventadas—, lo malo es que no admita que nadie en ningún campo se le ponga por encima.

En general, podemos admitir que tenemos cierto lugar en el ranking humano, y que hay otros que son más prestigiosos. Pero los soberbios no le dejan paso a nadie, ni toleran que alguien piense que puede haber otro delante de él. Además sufren la sensación de que se está haciendo poco en el mundo para reconocer su superioridad, pese a que siempre va con él ese aire de "yo pertenezco a un estrato superior".

Si no lo consideran el mejor, sufre lo indecible porque todos son agravios, se siente un incomprendido por una sociedad de palurdos analfabetos. Si llega a un banquete y lo sientan en el extremo de la mesa, el soberbio se preocupa porque a otro de menor rango lo han puesto en un lugar más prestigioso, o no se han dirigido a él en el tono que considera que está a la altura de sus merecimientos. Mientras que a la gente normal la mueve el saber qué les van a poner en el plato y si van a pasar una velada divertida. Siempre me ha asombrado lo susceptible que es este tipo de personas, por la necesidad de representación de grandeza que requieren.

La característica principal que tiene el soberbio es el temor al ridículo. No hay nada peor para aquel que va por la vida exhibiendo su poder y sus méritos que pisar una cáscara de plátano e irse de narices al suelo. El ridículo es el elemento más terrible contra la soberbia. Por esa razón los tiranos y los poderosos carecen de sentido del humor, sobre todo aplicado a sí mismos.

En ese sentido, Abraham agrega: "Esta clase de personaje espanta todo atisbo de comicidad. Para él la risa es algo sospechado y la vive como una agresión. Cuando la risa está prohibida, sabemos que estamos en un lugar peligroso. La crítica convencional y la denuncia siempre son serias, pero hay veces que toman la forma de humor que permite mostrar que la realidad que se está viviendo tiene pies de barro".

La soberbia es el valor antidemocrático por excelencia. Los griegos condenaban al ostracismo a aquellos que se destacaban y empezaban a imponerse a los demás. Creían que así evitaban la desigualdad entre los ciudadanos. Pensaban: "Usted, aunque efectivamente sea el mejor, tiene que irse porque no podemos convivir con un tipo de superioridad que va a romper el equilibrio social".

De aquellos tiempos hemos pasado a la actualidad, donde vivimos en una especie de celebración permanente de la mediocridad: los *reality shows*, en los que se ponen cámaras para espiar durante una determinada cantidad de tiempo a cinco o seis personas que se dedican a hacer y decir vulgaridades. Hacen cosas tan interesantes como cambiarse los calcetines, freír un huevo, insultarse o dormir. Yo puedo entender el interés que llega a suscitar *Rey Lear*, pero no me entra en la cabeza esta jerarquización de lo mediocre. Salvo creyendo que la pantalla muestra que todos somos capaces de lo mismo, las mismas vulgaridades, bajezas y torpezas que hacemos todos los días.

La soberbia es la antonomasia de la desconsideración. Es decir: "Primero yo, luego yo y luego también yo". Tal vez, la soberbia sea una cosa sencilla: simplemente se trata de maltratar al otro. No importa tirarle el coche encima a un peatón que está cruzando con la luz amarilla, porque la prioridad para el soberbio es él mismo y sus necesidades. En ese grupo entran aquellos que deben dinero y difieren un pago sin importarles las carestías del que les prestó. Se trata de quienes tal vez no tengan conciencia de lo que están haciendo por autoglorificación, pero en la práctica piensan: "Yo cuento mucho más que usted". Hay algunos que lo hacen en forma imperceptible a primera vista, pero otros lo muestran con gestos, pequeños o ampulosos, o diciéndoselo en la cara a los demás, con lo que corren el riesgo de conseguir el enfado y el rechazo. Pero lo cierto es que siempre hay individuos dispuestos a una actitud servil, con quienes los soberbios encuentran un campo ideal para hacer todo tipo de maldades y desvalorizar al otro.

"La soberbia es realmente muy peligrosa para el que la posee —dice Abboud—. Se cuenta una historia de un rey que, en su ánimo de mostrar su poder, manda construir un palacio impecable, que él mismo había diseñado, elegido los materiales y monitoreado su construcción. Una vez terminado el edificio el monarca convocó a una fiesta para mostrarlo. Allí desafió a todos los invitados a encontrar algún defecto. Todos los presentes lo llenaron de halagos, hasta que llegó un personaje y le dijo al dueño de casa que él había encontrado un defecto. El rey montó en cólera y le pidió que le dijera cuál era. El visitante le contestó que todavía no había podido tapar la rajadura por donde debía pasar el Ángel de la Muerte. El simbolismo de esta figura tiene que ver con que esa rajadura es la que va a ponerte en tu lugar, a tomar contacto con la realidad. La tradición islámica dice: 'No entra en el Paraíso aquel que tiene un gramo de soberbia'. Porque quien tiene el mínimo ápice de soberbia en el corazón, desde nuestro punto de vista, difícilmente pueda alcanzar la aspiración a la perfección. El hombre universal es el que está libre de soberbia. El drama del soberbio es ser desenmascarado. Para el Islam la idea básica es la sumisión a Dios, algo totalmente contrario al pensamiento de un soberbio."

Para Abboud, "es muy difícil relacionarse con los soberbios religiosos, quienes tratan de hacer sentir a los demás que son ellos quienes tienen el legado de un ser superior. Por lo que todo se complica, ya que ese mandato metafísico pretende indicar que está facultado para percibir lo trascendente y aplicarlo dentro del esquema de la vida cotidiana de los seres humanos. Así, cuando uno trata de discutir un tema terrenal con estos personajes, la conversación se termina cuando el otro dice: 'Es palabra del Señor', y como no existe una escala de apelación superior uno queda en inferioridad de condiciones".

Según Abboud, "nosotros no podemos ni siquiera pensar en la imagen de Dios porque estaríamos cometiendo el pecado de politeísmo. Porque cuando uno crea dentro suyo una imagen de Dios, lo está multiplicando: pasa a existir el verdadero y el que el individuo se está imaginando. Por eso los musulmanes pensamos en la creación y no en el creador, porque a la divinidad no la alcanza el pensamiento".

En materia de autoestima y de búsqueda de la cima ante los demás, los soberbios siempre están a la cabeza. Pero sus caídas suelen transformarse en tragedias que no pueden superar en sus vidas. Por ejemplo, las Escrituras dicen que Cristo derrotará a los soberbios y humillará a los grandes, porque en definitiva son los que más sufren en las derrotas y a los que tiene sentido vencer. ¿De qué sirve ganarle una partida, una batalla o una discusión a un pobre infeliz? No es algo que te haga pasar a la historia. Los soberbios que montan una escenografía de grandeza a su alrededor son los preferidos para desafiar. Si vas por los tímidos y los humildes no tiene gracia, porque esta gente casi siempre está esperando que los derroten.

En el otro extremo del análisis están los estoicos. En sus meditaciones, el emperador romano Marco Aurelio dice: "No les creas a los que te alaban, no creas lo que dicen de ti". Se trata de una humildad que no lo es en el sentido cristiano. Los estoicos no son humildes, simplemente no quieren ser fuertes. Pero, por otra parte, rechazan todos los elogios y las alabanzas. "Cuando te levantes cada día —dicen—, no pienses si vas a ser emperador, piensa: hoy debo cumplir bien mi tarea de hombre." Ésa es la idea, nadie puede estar por encima de la labor humana.

Pero, ¿cómo evitar caer en la soberbia? El remedio es muy simple, pero a veces duro de asumir: ser realista. También es cierto que, en el otro extremo, el exceso de humildad te pone por debajo del realismo. En esa actitud no valoras ni siquiera lo que tienes, lo que puede transformarse en una gran dificultad desde el punto de vista social. En primer lugar tú sufres, salvo que te complazcas morbosamente en tu nada y en tu pequeñez. Hay un mecanismo que utilizaba San Agustín que es bastante útil. En sus *Confesiones*, dice: "Cuando yo me considero a mí mismo, no soy nada; cuando me comparo, valgo bastante". Es una frase llena de realismo. Cuando analizas lo que quisieras ser, tus ideales, tus bienes, etc., estás por debajo de lo que creías y querías; pero claro, cuando miras a tu alrededor, la cosa no está tan mal. Por lo tanto, el extremo desordenado de la humildad —la humillación— es tan malo como el de la soberbia.

En definitiva, la soberbia es debilidad y la humildad es fuerza. Porque al humilde le apoya todo el mundo, mientras que el soberbio está completamente solo, desfondado por su nada. Puede ser inteligente, pero no sabio; puede ser astuto, diabólicamente astuto quizá, pero siempre dejará tras sus fechorías cabos sueltos por los que se le podrá identificar.

II. La gula

El Señor de los Infiernos invita al escritor a comer

Satanás: *¡Cómo va a costarte impugnar la gula! Ni tú te crees que comer y beber sin ninguna limitación sea realmente un pecado y perjudique al ser humano.*

El escritor: *El placer de la comida y la bebida tiene como límite el cuidado del propio cuerpo, y no te habla alguien que no aprecie las virtudes de la mesa y de las copas. Aunque amemos embriagarnos, es prudente e higiénico que cada uno determine el tipo de embriaguez que resulta más adecuada a su carácter y más compatible con el resto de los objetivos de la vida.*

Satanás: *¿Y por qué prefieres, en lugar de un plato sencillo y sin mayores sofisticaciones, las ofrendas que pueden hacer los grandes cocineros?*

El escritor: *Es que aquí no se trata del desorden que produce el exceso —que de eso hablamos cuando nos referimos a la gula—, sino del placer generado por algunas gentes que son verdaderos artistas de la gastronomía.*

"Pero yo quiero aclararte, mi querido amigo, que cuando siento que mi estómago llama a ser satisfecho, me vienen a la memoria los momentos de mi niñez cuando mi abuelo Antonio me pasaba a buscar por el colegio para llevarme a casa y parábamos en una panadería

para comprar alguna hogaza de pan crocante, que comíamos ambos con un gran deleite.

Satanás: *¡Claro, y ahora el señor escritor quiere hacerme creer que prefiere un trozo de pan a un banquete!*

El escritor: *Es curioso que tú hables de banquetes cuando sabes a la perfección el antiguo nombre que recibían los banquetes: "conviviú", es decir: "convivencia", estar con los demás, vivir junto a otros. Sobre todo cuando tú eres en esencia, y a partir de tu nombre mismo, todo lo contrario al espíritu del banquete: "Lucifer", "Saitán" o "Satán", como tú quieras. Tu nombre mismo significa "antagonista", el que crea antagonismo, el que trae discordia, el que está en medio.*

Satanás: *¡Vamos, vamos! Deja el diccionario de lado y explícame, porque aún no lo has hecho, ¿qué tiene de malo caer en la gula, que tan felices ha hecho a los hombres?*

El escritor: *Lo que tiene de malo comer de más y exageradamente, además de los problemas relacionados con el colesterol y la estética, es que siempre existe la posibilidad de que también te comas lo de los demás.*

Satanás: *¡Por supuesto! ¡Tú te conformarías con una manzanita!*

El escritor: *No digo eso, pero sí que en este tema de la comida también está en juego la libertad del hombre para elegir cómo quiere vivir su vida. Porque si el individuo encuentra placer en comer una manzanita que le ha dado un amigo y en tomar un poco de agua, está satisfaciendo de manera adecuada su necesidad...*

Satanás: *Entonces, con la excusa de la libertad, los anoréxicos y los bulímicos encontraron el Paraíso...*

El escritor: *Estás enredando la situación. Aquí no hablamos de libertad, aquí hablamos de una enfermedad espiritual, hablamos de un problema exclusivamente humano que nada tiene que ver con el libre albedrío, sino con la imposibilidad de elegir. Porque si estás enfermo, no puedes elegir libremente, estás condicionado por la enfermedad.*

Satanás: *Bueno, bueno, ya hemos hablado demasiado... Te invito a comer al restaurante de un amigo. Eso sí, te prometo que sin excesos...*

La abundancia de alimentos entorpece la inteligencia.

SÉNECA

El pecado de la gula es el ansia inmoderada de comer, de beber, ese afán de asimilarse todo el universo por la vía digestiva. Es un pecado que nos deja un poco perplejos en este mundo dietético en el que estamos, choca tanto con la ética como con la estética y quizá tengan más contra él los médicos que los propios clérigos.

A mi juicio, el problema de la gula es mucho más una cuestión de higiene que de moral. Se trata de ver cómo administramos nuestros placeres y cómo podemos comer para vivir satisfactoriamente. No debemos obsesionarnos con vivir para comer, ni con vivir para evitar las calorías. Lo peor de la gula hoy es que, mientras algunos tenemos la suerte de poder comer y ayunar a nuestro albedrío, muchas personas están privadas de lo imprescindible y no pueden siquiera alimentar a sus hijos con lo mínimo necesario. La gula se transforma en pecado cuando ofende el derecho y las expectativas del otro al comer lo de los demás, acaparar y dejarlo con poco o nada. Olvidar eso sería el peor pecado o la peor forma de gula en nuestro tiempo.

El mejor condimento es el hambre.

CICERÓN

La gula es una falta higiénica con la cual, además, denotas que no tienes cuidado de ti mismo. Lo que los antiguos llamaban *cura sui*, el cuidado de uno mismo. La gula puede ser una simple recomendación higiénica: "No coma usted más de lo que le conviene o aquello que pueda sentarle mal". El verdadero pecado es comerse lo del otro. La gula como pecado es el hecho de convertir el comer en algo totalmente desligado del hambre de tantos otros.

Los teólogos cristianos precisan que nada tiene de malo el placer en el uso de los alimentos, porque es el efecto de una providencia de Dios para que los hombres puedan cumplir con el deber de conservarse. Pero lo que sí está prohibido es comer y beber hasta saciarse con el único fin de deleitarse.

Para la Iglesia la gula se transforma en pecaminosa cuando por ella se roba, cuando la familia cae en la mendicidad, cuando comer se transforma en el único objetivo en la vida o lleva a otros vicios como la lujuria o la blasfemia. También cuando no se respetan los días de ayuno, cuando se provoca el vómito para continuar comiendo y cuando es el camino para producir un daño en la salud personal o de otros.

Abboud asegura que el Islam indica que hay que sentarse y levantarse de la mesa con hambre. "Nosotros tenemos una palabra para definir esta actitud: *tammeac,* que quiere decir 'angurriento', que también tiene relación con la persona a la que sólo le interesa llegar primera, comer más y no pensar en los otros. La gula es una acción egoísta, que linda con la soberbia. El Islam considera que esto es malo, pero que debe ser corregido. Ésa es la función de los ayunos. El mes del Ramadán tiende a crear una práctica social obligatoria, independientemente de los bienes y la cultura que posea cada uno. Es igual para todos: para los reyes y para el último de los súbditos. Salvo por problemas de edad o enfermedad, nadie tiene excusa alguna para no respetar el ayuno, que trae beneficios, además de los relacionados con el espíritu religioso, desde el punto de vista psicológico y médico. Pero lo más importante es conocer el hambre; es como una prueba y la incorporación de un conocimiento útil. Se siente hambre, sed y el sufrimiento que produce el no tener alimentos para llevarse a la boca. Se trata de algo muy complejo porque no solamente duele el estómago, sino que uno tiende a ponerse de mal humor. Por lo tanto, estás ejercitando la virtud contra la gula. La legislación islámica indica que si durante el Ramadán no ayunas un día no existe forma de recuperar esa falta, y que la pena es darles de comer a sesenta personas."

Abboud dice que la gula está ligada íntimamente a lo mediático. "No sólo tiene que ver con el plato que ponen frente a uno. También existe una especie de frustración, relacionada con la gula y los medios de comunicación, cuando al igual que con otros aspectos de la sociedad muestran platos y manjares sofisticadísimos, inalcanzables para la gran mayoría. Por lo tanto, aquí estamos viendo una promoción de la gula que no tiene que ver con la cantidad, sino con ciertas clases sociales que se distancian de otros mostrando a lo que pueden acceder en materia comestible."

"Hoy la gula —afirma Abboud— no tiene sólo que ver con la comida y con el hecho de comer. Creo que la gula no está en la mesa, sino en el supermercado, y abarca lo que se ingiere y todo lo que se compra."

Dice Goldman que "la gula es un acto de paganismo. Hay que comprender que el comer es algo cultural y de santificación, que ubica a la gula como una categoría condenable. La comida tiene que ser siempre compartida. Nosotros no nos negamos al placer, en la medida en que no se dañe a otro.

Amamos la vida y ésta tiene que ser vivida, y para lograrlo hay que tener una gran cantidad de experiencias y no negarse a nuevas".

Si queremos realmente quitarle a la gula su dimensión puritana, hay que insistir en que nuestros actos no causen daño a nadie, y que simplemente los vivamos como placeres personales. El historiador inglés Thomas Macaulay, cuando hablaba de la prohibición por parte de los puritanos de la caza del oso, decía que no les preocupaba el bienestar de los animales, sino que querían quitarles a los humanos el placer de cazarlos. Con la gula pasa algo parecido cuando consideramos que hay que sustraer el placer a la comida y tomarla simplemente como algo para reponer energía. Me viene a la memoria la descripción que hacían los padres de la Iglesia cuando aseguraban que comer era introducir pedazos de cuerpos muertos y porquerías de diverso orden en nuestro organismo.

Es interesante cómo se aplican al amor palabras referidas a la gula. Por ejemplo, cuando alguien dice: "Te comería a besos... estás para comerte". El comer es una forma rápida de apropiarse de algo, es la metáfora de la posesión absoluta.

Un ejemplo sobre la inutilidad de las prohibiciones sobre el placer improductivo es el polémico tema de las drogas. Reivindicar lo placentero o, aun mejor, hacerse con él sin más y sin pedir permiso es correr riesgo de muerte cuando los mecanismos de colectivización han decidido no consentir tal desvío. En este sentido, la sobredosis, el linchamiento del atracador de farmacias o la muerte del farmacéutico que se resiste al robo son todos modelos de ejecución de la misma sentencia. Lo que no se discute seriamente no es que tratan de prevenirnos contra un escapismo irracional, sino que las prohibiciones motorizan y mejoran el gran negocio de la droga, con su secuela de adulteración y crímenes. Así, ocurre con la droga todo lo contrario de lo que se quiere combatir. La legalización de su comercio terminaría con los cárteles y dejaría en mano de cada individuo la forma de involucrarse con la droga, pero sin el peso seductor de la prohibición por un lado y criminal por el otro.

Un ejemplo histórico de la prohibición como promotora de excesos fue la "Ley seca", que se impuso en los Estados Unidos en la década de 1920. Lo que logró fue fomentar e incrementar el alcoholismo, desarrollar un nuevo tipo de delincuencia, y miles de personas muertas por el alcohol de mala calidad y por los enfrentamientos entre gángsters.

GULA Y *FAST FOOD*

Goldman explica: "El judaísmo se opone a la comida rápida, porque la acción de comer es un acto de santificación. La idea es que el acto de comer es una actividad como lo es el trabajo. Compartir la mesa es algo sagrado. Desde que se destruyó el templo de Jerusalén en el año 70 de la era cristiana, el hogar se transformó en un templo, y la mesa es la traducción simbólica del altar donde se hacían los sacrificios. ¿Qué quiere decir realmente 'sacrificio'? Proviene de la palabra *korbán*, cuya traducción significa 'lo cercano', 'lo próximo'. Es decir que lo que uno pone en la mesa es lo más próximo, lo que más se quiere, que es precisamente lo que se comparte con el otro y por esa razón debe ser un lugar sacralizado. Y esto es lo que le da un sentido de sacralización a la comida. No se trata de los manjares que se colocan para disfrutar, sino de cómo se acercan los comensales a ellos. Por tal motivo, la comida tiene dos momentos: el de la bendición previa y la posterior. Allí debemos reconocer que no somos nosotros los que damos los alimentos, sino que es Dios el que nos los provee. Este concepto es fundamental, porque nos ayuda a frenar nuestra tendencia a la omnipotencia. No soy yo el que da de comer, sino que hay un ente superior que me da la posibilidad de compartir en este mundo, junto con la naturaleza, algo que la cultura transforma en comida".

Goldman aclara que "el judaísmo también se opone a las comidas de trabajo. Porque la comida es la comida y el trabajo es el trabajo, y tienen formas de sacralización diferentes".

Epicuro de Samos, el padre del epicureísmo, hace un gran elogio del placer, que para él es simplemente comer un pedacito de queso que le ha dado alguien y tomar un poco de agua. Decía que el placer es satisfacer de una manera adecuada la necesidad que sientes. Calmar la desazón que produce el hambre, el frío o el deseo sexual, pero sin sacrificar nada. Epicuro no está en contra de una comida sofisticada, pero tampoco a favor de trabajar y esforzarse para conseguirla. Si los platos crecieran en los árboles, Epicuro sería partidario de aprovecharlos. Si una manzana me satisface el hambre y no tengo que sacrificar nada de mi vida para conseguirla, es preferible a tener que trabajar haciendo horas extraordinarias, obedeciendo a jefes hostiles, para que me paguen y pueda ir a comer algo especial.

Satisfacer la necesidad es siempre agradable. Beber agua de un río quitará la sed. Pero si tú quieres un Burdeos en una copa de oro, la satisfacción dependerá de lo que te cueste en actos no placenteros. Esfuerzos para conseguir el dinero necesario, que será el medio para llegar a la copa de oro con el vino de Burdeos.

La comida compuesta de alimentos muy simples puede quitarte el hambre. Uno no necesita ir a un gran restaurante.

Para sostenerte en la vida, no es necesario recurrir a platos y ambientes sofisticados. El tema es que nosotros comemos y bebemos con la imaginación. Algunas veces, he llenado uno de esos botellones de cristal tallado con un whisky de calidad mediocre. Cuando lo servía la gente ponía cara de maravillada, pensando que estaba tomando un producto de calidad inimitable. Claro que esto no ocurre con los expertos, pero la mayoría de nosotros no lo somos. Es evidente que la apariencia nos importa más que otra cosa.

El deseo por la comida tiene mucho que ver con la historia de cada uno. Aún hoy, cuando siento hambre lo primero que me viene a la mente es un pan con la corteza bien tostada, y no la sofisticación de la cocina más elaborada.

Que las personas se sienten a tu propia mesa, compartan el pan y la bebida es una virtud relacionada con la fraternidad. Por eso la importancia de saber que muchos no comen, porque no hay nada más fraternal que compartir la comida con alguien. En un pasado no tan lejano, cuando alguien defraudaba a una persona se solía decir: "Pero cómo iba a imaginar que me haría esto... si me he sentado a su mesa, he comido con él". Comiendo se genera un vínculo donde se tiende a comprender las humanidades de los otros. Sucede con las comidas en ese sentido lo mismo que con una gran desgracia, por ejemplo una epidemia: es un motorizador de unidad entre las personas.

Los banquetes han tenido una enorme importancia en la convivencia política. Se tiende a un mejor clima cuando las personas han comido.

SHAKESPEARE, EL GORDO Y EL FLACO

Un ejemplo de lo temible que suelen ser los delgados lo ha dado Shakespeare en su obra *Julio César:*

César: *Quiero tener a mi alrededor hombres gordos, de cara lustrosa, y de los que duermen bien por la noche. Ese Casio tiene aire macilento y hambriento: piensa demasiado. Hombres así son peligrosos.*

Antonio: *No le temas, César, no es peligroso: es un noble romano de buena condición.*

César: *Querría que fuese más gordo, pero no le temo. Sin embargo, si mi nombre estuviese sujeto al temor, no conozco otro hombre al que evitaría tanto como a ese flaco de Casio. Lee mucho, es un gran observador, y penetra bien en las acciones de los hombres. No le gustan los juegos, como a ti, Antonio. No oye música, rara vez sonríe, y sonríe de tal modo como si se burlara de sí mismo y despreciara a su espíritu por poder moverse a sonreír de algo. Los hombres como él nunca tienen el ánimo en paz mientras observan a alguno mayor que ellos mismos y, por lo tanto, son muy peligrosos. Te digo lo que hay que temer, más bien que lo que yo temo, pues siempre soy César.*

Como contrapartida me pondría yo mismo: gordito y sonriente.

La comida es la aceptación de la vida, siempre que no se convierta en el deseo de matarse por el exceso. Hemos logrado disociar la función biológica de la satisfacción que nos producen los alimentos. Nos hemos arreglado para que por un lado vayan las proteínas y por otro el placer. No hay más que recordar los vomitorios de los romanos, donde iban a expulsar todo lo que habían ingerido un rato antes, para vaciar su estómago y seguir comiendo.

Hoy la comida genera grandes artistas que, como muchos pintores o músicos, son difíciles de entender porque van a la vanguardia y hacen que hablemos de formas, colores, texturas y sabores absolutamente nuevos y revolucionarios. Sin ir más lejos, el restaurador catalán Ferrán Adriá es el Mondrian de la cocina, un genio creador.

En los países que alcanzaron el bienestar económico, cambiaron los días que estaban destinados a festejarse con grandes comidas. Eran las épocas de las comilonas de Navidad y las grandes bodas. Todo tenía un carácter celebratorio que ha ido perdiéndose. En España, hasta hace treinta años, podías comer un *tournedo* o una colita de lomo poquísimos días al año. Hoy podemos hartarnos cuando nos venga en gana. Era la gracia de esos días. Ahora, si bien la población es mayor, también hay más vacas debido a los alimentos especiales y las nuevas fórmulas de crianza. Sólo comía el señor duque, que podía tener unas vaquitas alimentadas con una hierbecita. Ahora todo el mundo puede comer su filete. Esto contrasta con la relativa frugalidad de nuestros antepasados, quienes normalmente comían cereales y vegetales, y añadían un huesito con un poco de carne para dar sabor.

En una comida bien dispuesta al uso occidental, según explica el escritor inglés Anthony Burgess, pasan todas las etapas del devenir del planeta: la sopa primordial de la que según Oparín brotó la vida, los peces y las aves inaugurales, la chuleta de algún mamífero y, para concluir, los quesos y la sofisticada repostería que está relacionada con el arte y la cultura de los últimos en llegar a la Tierra: los humanos. Todo ocurre en la mesa, pasa y se asimila.

Lo bueno del vino es que durante dos horas los problemas son de otros.

PEDRO RUIZ

Con el vino estamos en presencia de un elemento estudiado, adorado y repudiado por todas las culturas casi desde el principio mismo de la humanidad. Recordemos la afirmación latina *in vino, veritas*, que señala que no hay nada más veraz que el ensalzamiento del vino. ¿Pero qué verdad devela? Es simple, ser amigo del vino es serlo de lo auténtico, rechazar lo falso con el corazón, la cabeza, pero también con el paladar. El filósofo danés Sören Kierkegaard aseguraba: "El vino es la defensa de la verdad, tal como ésta es la apología del vino".

No comer, la otra cara del mismo pecado

La gula se ha transformado en un pecado estético y dietético. Hay una conspiración global contra este pecado. Nunca se es lo suficientemente rico ni se está lo suficientemente delgado.

La gente no ve a la gula como algo concupiscente. A los gordos se los condena estéticamente y no éticamente.

Una de las consecuencias dramáticas es la pérdida del deseo de comer. La anorexia es convertir el miedo a engordar en algo excesivo. La persona que la padece, por delgada que esté y por más que la gente a su alrededor se lo diga, siempre se ve gorda. El bulímico, por su parte, produce desarreglos al ingerir comida, con momentos de compulsión para hacerlo y otros de dietas exageradas, relacionadas con vómitos y toma desordenada de laxantes y diuréticos. Esto nos demuestra que estamos frente a un exceso que por supuesto no tiene nada que ver con la gula ni con el hambre, sino con otro tipo de manifestaciones.

Se trata de situaciones exclusivamente humanas. Es inimaginable un animal anoréxico. Es una enfermedad espiritual. Muchos animales dejan de comer cuando han cumplido su ciclo vital, que incluye la muerte. Dejan de comer y se mueren. Un ejemplo trágico es el de las hembras del pulpo, que luego de desovar pierden todo interés por el sexo y por la comida. Sólo se preocupan por cuidar de los huevos, y cuando nacen los pulpitos, mueren. Se han realizado experimentos en los que se quita a la hembra una glándula que rige este mecanismo. Entonces, luego de poner los huevos sigue teniendo un interés desbordante por los machos, comiendo y pasándola estupendamente, pero descuida su futura cría, por lo que no nace ningún pulpito, lo cual atenta contra la continuidad de la especie.

Se trata, en términos biológicos, de los denominados animales semélparos, que tal como el salmón y algunas especies de truchas concluyen su vida una vez que se reproducen.

Los seres humanos, en cambio, queremos cuidar los huevos, comer y hacer el amor sin resignar nada. No tenemos un mecanismo o una glándula como la que convierte a la hembra del pulpo en una madre virtuosa y resignada.

III. La avaricia

El Diablo le explica al escritor los beneficios de guardar y guardar

Satanás: *Vamos a ver, ¿qué sentido tiene tu tarea de escritor, docente y conferencista? Horas dedicadas a lectores, alumnos y auditorios, que seguramente deben de haberte dejado mucho dinero. Pero aquí estás hoy, trabajando, porque yo sospecho que no entiendes todo lo positivo y beneficioso que tiene la avaricia, siempre tan maltratada.*

El escritor: *Volvemos con las confusiones. En primer lugar, una cosa es la avaricia y otra cosa es el ahorro. En segundo lugar, vivo bien y soy feliz sin necesidad de ser avaro. Además, poseo la enorme suerte de que mi trabajo sea una forma de placer, por la que además me pagan, y por lo tanto no tengo por qué sentirme arrepentido.*

Satanás: *Sí, por lo que veo tienes la autoestima bien alta... Pero lo que no puedes negar es que aquellos que no gastan dejan para sus hijos y para sus nietos. Piensan en los demás, no en forma egoísta solamente en ellos y en su alegría y su placer.*

El escritor: *Está bien dejar hijos, libros, obras, recuerdos, ¡y hasta dejar enemigos! Pero dejar dinero casi diría que es de una mediocridad que habla muy mal de aquel que lo hace.*

Satanás: *¡Ah! Muy bien, muy bien, entonces ¡vamos por el consumo! ¡Vamos por el derroche!... ¡No nos fijemos en gastos!*

El escritor: *¡Cómo te gustan los extremos! Pero debo reconocerte que ésta es una sociedad que incita al consumo y al derroche. Hoy a la avaricia le va muy mal con este sistema que considera subversivo frenar el flujo de dinero. Pero seamos sinceros, Satán, hoy el avaro no es aquel que guarda monedas en un calcetín escondiéndolas a los demás y a sí mismo. Hoy la avaricia, por ejemplo, es que el diez por ciento de la población utilice los recursos energéticos del mundo, mientras que al resto de la humanidad sólo le llegan milésimas de la energía que se produce. Hay un avaro acaparamiento de los recursos naturales.*

Satanás: *Avaro acaparamiento... Se trata de cuidarlo para que los desaprensivos no gasten todo. Señor filósofo, hay que pensar en el futuro.*

El escritor: *Sí, en eso tienes razón, mucha razón. En el avaro el futuro mata al presente. El avaro vive en una víspera perpetua. Por ejemplo, dice: "Hoy estoy aquí cubierto de cartones, viviendo como un pobre, pero en la habitación de al lado tengo billetes hasta el techo... ¡Nadie se imagina el día que yo me lance con eso, todo lo que voy a hacer!". Pero claro, nunca hará nada. Morirá en esos cartones pensando en lo que hubiese hecho usando ese dinero que jamás se atreverá a tocar.*

Satanás: *¿Pero no me dices siempre que lo más importante en el hombre es preservar su libertad y las decisiones que de ella emanan? ¿Por qué el individuo no puede ser libre para guardar en un arcón todo el dinero que quiera y no gastarlo si no perjudica a nadie?*

El escritor: *Allí te equivocas, y lo haces adrede simplemente para confundir. El dinero es un bien social. El avaro no admite que el intercambio de dinero tiene algo muy profundo, que es la sociabilidad. El avaro intenta tomar el producto de una relación social que* es el dinero para sustraérselo a la sociedad, y de hecho así vive: "Yo tomo el dinero, me encierro y me aíslo".

Satanás: *Bueno, podría probar una sola vez. Voy a ir a mi arcón, tomaré algo del dinero que tengo circunstancialmente puesto allí, y trataré de ver qué tipo de placer encuentran los humanos gastándolo y poniéndolo, como tú dices, en movimiento.*

La bebida apaga la sed, la comida satisface el hambre; pero el oro no apaga jamás la avaricia.

PLUTARCO

Vivir para acumular millones, caiga quien caiga, no es un buen objetivo. Pero tampoco es un delito. Basta con observar cómo engordan y crecen las grandes corporaciones. Son los que dicen: "Mi trabajo es ganar dinero; el más listo es el que más gana; hay que inventar trucos para ganar más. ¿Por qué me voy a regular?".

Cuando yo era chico existía la idea del *fair play*, de lo decente, de que las cosas debían tener una dimensión social y un límite. Esa forma de encarar la vida y los negocios ha desaparecido.

En la antigüedad, la avaricia era vista como un vicio en sociedades en las que el ahorro era una virtud. Había que distinguir a la persona ahorrativa, que tenía conciencia de sus obligaciones familiares, del "manirroto". El avaro era el que llevaba el ahorro a situaciones grotescas. No atendía bien ni a sus seres queridos, ni a sí mismo. Lo único que le interesaba era acumular un capital que no se utilizaba para nada. Lo característico del avaro es que esteriliza el dinero, que en lugar de estar en movimiento queda paralizado. Así convierte un elemento fluido y útil en algo totalmente inservible.

Nuestra sociedad, en cambio, incita al derroche, al consumo y al gasto. El sistema considera subversivo frenar el flujo monetario.

Según Abboud, "uno puede ser avaro en el trato, en la cordialidad, no sólo en el tema de acaparar riquezas. En cambio, el excesivamente generoso puede ser tomado por torpe. Ambas son cuestiones desordenadas. Pero en el mundo ocurren cosas que son paradójicas: la acumulación de riquezas provoca que el dinero improductivo perjudique al resto de la gente que no lo posee, y teóricamente tendría que ser al revés, perjudicar al que lo posee y no lo está haciendo rotar".

La avaricia, además, ha inspirado magníficas obras, como por ejemplo *El avaro*. Allí Molière retrató la esencia de un hombre capaz de vender su alma por dinero. La obra muestra una viva pintura de la avaricia, con la más alta comicidad y el más fino sentido satírico. El autor se apoya en el sentido común, acepta el mundo con franqueza y procura mostrar que los excesos en todo género son adversos para la vida social normal.

En la Tierra hay suficiente para satisfacer las necesidades de todos, pero no tanto como para satisfacer la avaricia de algunos.

MAHATMA GHANDI

Otra dimensión de la avaricia es la usura, que ha sido tradicionalmente denunciada. Llamamos usureros a aquellos que utilizan el dinero como una forma de obtener más dinero. Pero es una situación que está generalizada, por ejemplo, en las operaciones los bancos y las tarjetas de crédito. Estamos en manos de usureros internacionales que nos cobran por nuestro dinero. El caso más frecuente sucede cuando presentas un cheque al banco el lunes y recién te lo acreditan el viernes, sin que puedas hacer nada frente a esta maniobra tan extendida.

Una de las historias más polémicas respecto de este tema fue el enfrentamiento de Felipe IV el Hermoso, rey de Francia, con la orden de los Templarios. Estos caballeros comenzaron como un pequeño grupo militar en Jerusalén, cuyo objetivo era proteger a los peregrinos que visitaban Palestina luego de la Primera Cruzada. Con el correr de los años, lograron concretar un sistema de envío de dinero y suministros desde Europa a Palestina. Desarrollaron un eficiente método bancario con el que se ganaron la confianza de la nobleza y los reyes. Así erigieron una enorme fortuna, y quedaron rodeados de deudores en muchos casos quebrados y sin posibilidad de devolver lo que habían pedido. Pero en 1307 uno de sus deudores, el rey Felipe, junto con el papa Clemente V, se confabularon y detuvieron al gran maestre francés Jacques de Molay y a sus principales lugartenientes, todos acusados de sacrílegos y de mantener relaciones con Satanás. Bajo tortura la mayoría de los apresados fueron quemados en la hoguera. Poco después el Papa suprimió la orden templaria y sus propiedades fueron asignadas a sus principales rivales, los Caballeros Hospitalarios, aunque la mayor parte quedó en manos del rey francés y de su colega inglés, Eduardo II.

En este caso, en lugar de liquidar la deuda, los deudores decidieron liquidar a los acreedores. Allí hubo una pugna de poder y dinero.

Lo curioso es que el catolicismo ha sido muy severo con la usura, pero también con el comercio y con el dinero en general. En cambio fue muy favorable al poder, la gloria y el triunfo militar. La histórica visión católica pasaba por el guerrero, el luchador del mundo, el arcángel San Gabriel como una especie de capitán de los ejércitos celestiales. Frente a esta imagen se plantaron los protestantes, quienes aceptaron con mayor beneplácito el dinero, el comercio y el negocio, mientras que desconfiaban de la gloria de los grandes capitanes.

Según el escritor peruano Jaime Bayly: "Los países que más han prosperado, en los que hay menos formas de injusticia y ha menguado el mal, son aquellos en los que las personas han podido saciar o complacer sus sueños más individualistas, más egoístas e incluso avaros. Creo que el egoísmo puede ser un motor de progreso, de prosperidad y de grandes ideas".

Para Mujica, "tenemos metidos en nuestra sangre el sacar provecho, la moral utilitarista. Toda la primera filosofía era para enseñar a vivir o a morir, que era lo mismo. Nosotros hemos perdido la tradición que enseña la vida, todo lo enseña el funcionar de la existencia. Lo importante es buscar el equilibrio, que tal vez no sea más que la misma acción de tratar de encontrarlo. Estamos viviendo una época en la cual el orgullo lo da el dinero. Antes las propiedades tenían que ver con la responsabilidad social. Santo Tomás dice que la propiedad privada es una hipoteca sobre los demás. Hoy está bien ser rico y no hay que justificarlo, por lo tanto no se necesita tener cultura. Van desapareciendo las clases sociales y aparece simplemente el acceso al consumo. El dinero se pone como centro y desde allí se rige lo demás. Nuestro mundo está dominado por la cultura anglosajona, donde prevalecen el dinero y el utilitarismo. El avaro pone su seguridad en el acaparamiento, y defiende esa seguridad no gastando. La usura ya es un crimen, que produce miseria y hambre en los otros. Pero, ¿cuál es el límite del cuestionamiento a estas actitudes individuales si el sistema legal ampara a las grandes compañías para que ejerzan la usura con total libertad? Entonces, la gloria que antes pasaba por la valentía y la honestidad ahora se asienta en cuánto dinero tiene el individuo. Los héroes falsos que muestra la sociedad son los que tienen capital y poder económico. Ahora la riqueza se exhibe, mientras antes estaba cubierta de pudor. Pero vamos a llegar a situaciones hasta hace poco inimaginables. El dinero está en vías de extinción. Hoy los intercambios se hacen a través del ciberespacio. Habrá ricos y pobres virtuales. Ya no hay noticias de espectaculares asaltos a los bancos porque prácticamente no hay dinero en ellos".

Pese a todo, Jaime Bayly defiende a los avaros: "Yo creo que la mala reputación que les han hecho a los avaros se origina en aquellos que no reciben los desprendimientos que esperarían de ellos. No estoy seguro de que el avaro esté atormentado o flagelándose".

Usura, bancos y religión

A diferencia del gozador, el avaro endiosa el cheque. Por ejemplo, el lujurioso no quiere un cheque, quiere una mujer. El cheque, en definitiva, es un trámite para llegar ella. Pero para el avaro lo importante es el cheque, y no lo que puede conseguir con él. La felicidad está en tener el cheque.

"En el Islam —precisa Abboud—, la usura está expresamente prohibida. No está aceptado que a partir de un dinero que se presta se pueda tener una ganancia usuraria. Quienes dicen que la usura es una forma de comercio están en contra de las Escrituras, porque el que gana dinero usurario es como aquel que es escupido por el Demonio. Pero en estos tiempos, nos hemos acostumbrado a un mundo en el que rige la usura, que prácticamente no es condenada.

"Yo creo en la relación entre la avaricia y la esterilidad del dinero —asegura Abboud—. Pero hoy estamos en una pelea gigantesca por el control de los recursos y la codicia de los que más tienen, que hacen prevalecer, como siempre, 'la moral de la artillería más pesada'. Tal es el caso más que claro de la invasión de los Estados Unidos a Irak. Esto dejando de lado el hecho de que ningún musulmán puede estar de acuerdo con Saddam Hussein, que fue un tirano y un déspota. Con la intención de apoderarse avaramente de los recursos petroleros, se inventa un choque de civilizaciones, cuyo final está anunciado —por lo menos en su primera etapa—, para quedarse con la riqueza de los otros."

Uno debe saber, como contrapartida, que por mucho dinero que tenga no va a poder encontrar más cosas de las que se pueden hallar. Porque al final, una vez que has comido tres veces al día, has hecho el amor razonablemente, has visitado algunos lugares en el mundo y tienes buena salud, no queda gran cosa por hacer. Puedes dedicarte a la poesía, a escuchar grandes obras musicales, a escribir, pero no mucho más. Los placeres materiales tienen un catálogo muy reducido. Todos sabemos que lo que se puede obtener no es infinito, pero al menos es indefinido mientras está en forma de dinero. Mientras tú lo tienes en la cartera imaginas que existen posibilidades ilimitadas de conseguir cosas, que pueden llegar a ser decepcionantes una vez que has cumplido con esos deseos.

"Desde el Islam —comenta Abboud— se promueve la búsqueda de la armonización y el equilibrio. Hay que aprovechar lo que entrega el mundo y lo que se puede disfrutar de él, pero sin perder de vista la idea de lo trascendente, de que existe una vida postrera cuando el cuerpo muere. Tal vez la pregunta podría ser: ¿cómo hago para satisfacer mis deseos mundanos y, a la vez, ayudar a otros y no perder nunca la perspectiva del destino de mi alma? Por eso hay que ser cuidadoso con no caer en los extremos. Hoy existen religiosos del dinero, que establecen la misma relación con los dólares que la de los creyentes con un dios, ya que lo que tienen en un banco o en acciones es lo único capaz de darles la seguridad y paz que a otros les da una entidad superior. Pero hay que reconocer que el avaro actual tiene que estudiar más que aquel que en el pasado sólo acumulaba monedas en un arcón. Hoy tiene que estar al tanto de lo que más conviene para engrosar su fortuna: si las finanzas, o las propiedades o la compra de piezas de arte. El dinero puede ser nada y todo al mismo tiempo. Puede transformarse en el pasaje para tener compañía, supuestos amigos o amores, y construir una vida en base a lo que se tenga."

Para Abboud, "lo más importante en la vida es encontrar un equilibrio. Por tal motivo los musulmanes no celebramos los retiros del mundo de aquellas personas que abandonan todo, incluso a sí mismos. Si el individuo deja todo, con la excusa que fuere, de alguna manera fracasó socialmente. El Islam indica que lo que daña en gran medida también lo hace en pequeña medida. Por ejemplo, ¿qué quiere decir en algunos casos hacer votos de pobreza? ¿No hacerte cargo de tu familia? La persona tiene que trabajar, vivir, desarrollar sus posibilidades y buscarse a sí mismo para encontrar a Dios de esta manera. La fórmula para lograrlo pasa por incrementar el conocimiento y ser generoso, considerar que aquello que hace bien a los demás le hace bien a uno mismo. Todo en su medida. Rezar es bueno, pero hacerlo las veinticuatro horas es contraproducente, ya que te paraliza en lo que se refiere a las otras obligaciones que uno tiene como ser humano".

"En la tradición judía —explica Goldman—, no existe el voto de pobreza, pero sí la limitación del voto de riqueza, que está relacionado con la satisfacción de lo que se tiene y no con la búsqueda excesiva de lo que se debe tener. Si uno disfruta de lo que hace y lo que tiene, se va logrando una maduración. Poder tomar y saborear la fruta del árbol que se plantó y se cuidó. En cambio, el exceso de querer tener y acumular lleva a que vayan pudriéndose las frutas que no se están consumiendo y disfrutando. Hay una idea que surge de la lectura del Libro de Reyes. El primer capítulo habla del rey David cuando era anciano, y el segundo se inicia diciendo "y murió David". ¿Cuál es la diferencia? Que en el momento en que muere deja de ser monarca. Pudo disfrutar de su reinado en la medida en que estaba vivo. Esto me parece una buena idea, el hecho de saber que existen los límites en la propia muerte. No se puede pensar que al pasar al otro mundo se lleva con uno lo acumulado, lo no disfrutado."

Goldman explica: "La usura está condenada en la tradición bíblica, si bien no existe entre nosotros la idea del ascetismo, porque hay que vivir bien la vida, pero no a costa de otros, de pisarles la cabeza a los semejantes. En el judaísmo está todo regulado. No se condena el cobrar intereses sobre el dinero que se presta, lo que sí se rechaza es que ese interés sea usurario y sea superior a la tasa de mercado. También es condenable que la persona no dé el diezmo de sus ganancias a aquellos que lo necesitan. En la tradición judía, hay una gran insistencia en lograr justicia social. Lo que llamamos *tsedaká*, que no tiene que ver con la caridad sino con la transformación de una sociedad injusta en una justa, en la cual todos puedan vivir acorde a un sentido de dignidad. Hay que lograr una sociedad decente, que es aquella que trata con dignidad a todos. Por lo tanto, para nosotros la idea de la búsqueda de la justicia social no es voluntaria, sino una obligación, tanto como el trabajo, el estudio o las distintas actividades cotidianas".

La avaricia consiste en darle al dinero más importancia de la que tiene. Convertir un medio en un fin. El dinero no es más que dinero. Como ya dije, me parece bien dejar hijos, libros, obras, recuerdos, hasta dejar enemigos. Todo esto tiene cierta gloria. Pero dejar dinero es una tontería. Se trata de una oportunidad no aprovechada. Dejar trescientos millones en el banco es perder trescientos millones de oportunidades de haberlo pasado bien.

En el fondo, el dinero es la más melancólica de las cosas que puedan obtenerse. Cuando llega el día del último viaje, tú puedes decir: "Que me quiten lo bailado". Es decir, que me saquen lo que he comido, lo que he bebido, lo que he fornicado y lo que me he divertido. Pero el dinero nunca me lo podrán quitar porque me lo he gastado en todo lo anterior.

Sin embargo, la avaricia, como todos los pecados, tiene su lado bueno. El afán de poder y de gloria es ilimitado, o sea no hay modo de controlarlo; en cambio, la ambición de dinero es calculable.

De hecho, entre los siglos XV y XVI, los grandes de este mundo pasaron de ser guerreros predatorios a ser financieros brutos, algo que muchos de sus vasallos vivieron como una mejora, porque alguien que sólo quiere dinero es predecible. El problema es cuando quieren salvar tu alma. Es mucho más fácil entendérselas con Al Capone que con Osama ben Laden. Capone era una persona como nosotros, con un poquito menos de escrúpulos. Lo que quería Al era más o menos lo mismo que los demás: comer, fornicar, ser rico, aunque con métodos cuestionables, y que si bien no son justificables podemos llegar a entenderlos. En cambio, no sabemos lo que quiere ben Laden. Es parecido a los nobles de los siglos XI y XII, que pretendían ser el brazo más fuerte de la cristiandad. Eran personajes indomables, porque deseaban cosas que nadie iba a darles, que sólo las conseguían arrebatándolas. Si tú quieres la gloria, tienes que tomarla tú mismo, ésa es la gracia de lo glorioso. Sólo cuando el poder era absolutamente insobornable se ejercía sin piedad y aplastando a los demás. Todo esto cambió cuando se pudo sobornar y comprar, aunque fuera parcialmente, al poder, para que te dejara tranquilo. Pese a parecer tan concreto, el dinero es el más inmaterial de todos los bienes.

El pensador alemán Arthur Schopenhauer decía que el dinero es felicidad abstracta. Ser feliz porque tienes una gran cuenta en el banco, o porque guardas un gran saco con oro debajo de la cama, es algo completamente imaginario. Comprendo que alguien se sienta feliz porque tiene en sus brazos a una mujer hermosa, en su mesa una comida estupenda y una botella de vino incomparable. Yo no termino de entender a aquellos que se sienten felices cuando ven un cheque, que sólo son unas palabras y algunos números.

Pasé mi niñez en el seno de una familia que no vivió apremios económicos, pero siempre tuvimos la sensación de que el derroche era hasta algo indecente. No nos importaba gastar en un libro caro, pero sí en un pantalón de precio exorbitante, cuando se podía conseguir prácticamente uno igual mucho más barato.

El dinero es el elemento más social que existe. Las personas que creen en él por sobre todas las cosas están enfermas de socialización, porque confían en que todos los demás tocan su misma cuerda. Los suicidios por cuestiones económicas suceden cuando el acuerdo social se ha roto y acciones que valían tantos millones de dólares dejan de tener valor alguno. Allí está la gente que se pega un balazo porque toda su fe estaba puesta en la invulnerabilidad de ese acuerdo, que al desaparecer lo deja sin lugar de donde agarrarse.

Igual ocurre con el crédito, que transforma al dinero en el máximo ícono de credulidad humana. Todo comenzó con piezas que tenían cierto valor intrínseco: una moneda de oro que pesaba una libra y que en último término sabías que podías utilizarla para hacerte unos pendientes. El dinero se ha vuelto algo más sutil. Hoy los billetes son cantidades que cambian de columnas en un ordenador a velocidad de vértigo, y de una cuenta en Hong Kong pasan a otra en Nueva York. La moneda se ha transformado casi en un elemento del pasado.

Lo que da fuerza al dinero es la necesidad de intercambio, que los seres humanos requieran cosas unos de otros. Si no se deseara nada, no habría tenido sentido inventar el vil metal. El dinero permite generar un elemento que te da acceso a algo que tiene otro y tú quieres. De no existir, las variantes serían pocas: el trueque, pero allí necesitas que al otro le interese lo que tú le ofreces, o lisa y llanamente sacárselo por la fuerza, robarle o estrangularlo. Pero el avaro es el que convierte este acuerdo social en una idolatría, sin entender la utilidad del dinero, que es absolutamente virtual. Si se tratase de cupones que dijeran: "Vale por un refrigerador" o "Vale por una merluza en salsa verde", tendría un interés más limitado, ya que si no te gusta la merluza no sabrás qué hacer con ese vale. La gracia del dinero es que tiene un número y no te dice qué puedes hacer con él.

El avaro gusta de la virtualidad, pero pierde de vista la relación humana. No admite que el intercambio tiene algo muy profundo que es la sociabilidad. Hemos inventado una cosa muy sofisticada para ofrecer y recibir prestaciones, pero aparte de un recurso técnico, de un truco para arreglarnos, alude a algo más profundo: que no podemos vivir sin los demás.

Ni dinero, ni caricias, ni abrazos

Dice Bayly: "El dinero suele ser también una expresión de los sentimientos; quien es avaro con el dinero lo es con los sentimientos. Antes de ser padre yo no diría que era avaro, pero era más egoísta conmigo mismo. Desconocía, ignoraba el placer que uno puede sentir siendo generoso con otro, es una manera de ser generoso con uno mismo también. Los padres que son sentimentalmente avaros con los hijos lo hacen seguramente con las más nobles y despistadas intenciones. Creen que es la manera correcta de educarlos, o de acostumbrarlos a los rigores de la vida. Mi padre es un hombre que nunca me tocaba o me mostraba un afecto físico, mucho menos me abrazaba. Sin duda esto revela —yo no lo entendí entonces, pero creo que ahora lo comprendo mejor— una avaricia consigo mismo, una incapacidad de disfrutar de lo más maravilloso que uno puede tener, que es un hijo".

Respecto de este tema, a comienzos de siglo pasado y bien entradas las décadas, la idea era que los padres tenían que ser muy distantes con sus hijos. Se consideraba que se los malcriaba al prodigarles demasiado cariño. Estábamos frente a una avaricia de sentimientos. Recuerdo que mi padre hablaba de usted con mi abuelo. Los hombres, además, debíamos ser mucho más contenidos en todas nuestras manifestaciones; no se podía mostrar ternura, afectuosidad y mucho menos llorar, porque era tomado como una pérdida de masculinidad. Se inculcaba una avaricia sentimental.

Hay una escena emocionante en el final de *Rey Lear*. Cuando muere Cordelia, Lear descubre que ya no puede decirle todo lo que ha sido para él. Allí se muestra como un hombre que cae tarde en la cuenta de haber estado toda la vida acorazándose, cerrado al amor por orgullo y egolatría.

El avaro quiere salvarse de los demás, y no contaminarse con ellos. El que dedica su vida a cuidar leprosos entiende mejor el sentido del dinero que aquel que lo esconde en un rincón. Porque si bien no ahorra, celebra la relación social. Los hombres tenemos que ayudarnos, no por una bondad natural, sino porque nuestra condición hace imprescindible que dependamos los unos de los otros. Por lo tanto, el avaro es el glorificador de un aspecto de la relación social que no entiende, porque, de hacerlo, se dedicaría a los demás y no al ahorro desmedido.

Nadie disfruta tanto de la riqueza como quien sueña poder acceder a ella. Supongo, porque nunca lo he vivido, que el millonario vive atento a los problemas y las asechanzas. Pero el que sueña con los millones del otro lo imagina como algo que jamás tendrá. Pura felicidad absoluta.

La avaricia fue el gran argumento que sirvió para sembrar el antisemitismo. En muchos países de Europa, a los judíos no se les permitía tener tierras, ser nobles, armar ejércitos. Lo que ganaban en el comercio tenían que invertirlo en negocios de especulación económica. Sólo podían ser banqueros, porque no les dejaban crecer en otra dirección. Pero luego se los acusaba de tener un negro corazón por ocuparse, fundamentalmente, de cuestiones relacionadas con el dinero. Lo curioso es que se creó una gran casta de banqueros y financistas, pero los mismos que les impedían otros caminos eran quienes les reprochaban sus habilidades.

LOS LÍMITES DE LA GENEROSIDAD

La contrapartida de la avaricia es la generosidad. Pero en realidad sólo puedes ser generoso si tienes poder. Ayuda al otro el que tiene excedentes, capacidad y elementos para hacerlo. El enfermo terminal o el mendigo, por ejemplo, por más que lo quieran, no pueden ejercer su generosidad, porque les faltan fuerzas o recursos. Es una virtud que promueve el utilizar, en beneficio de otros, bienes que podrían ser aprovechados exclusivamente para uno. Lo importante no es el método que usamos para el intercambio social, sino el mantenimiento social en sí mismo. El hombre de fortuna tiene que entender lo siguiente: "Usted se ha hecho rico por su talento, su astucia, su falta de escrúpulos, pero en último término lo hicieron millonario los demás, la sociedad en su conjunto".

"¿Cuál es el límite de la generosidad? —se pregunta Mujica—. ¿Cuánto se puede perdonar? Seguramente algunos podrán perdonar a los genocidas de la dictadura argentina, pero hay que tener cuidado con esto porque es necesario pensar en el tercero, en aquel que fue víctima de esos asesinos. Yo puedo decirles: 'Te perdono, pero debes ir preso, porque a mí no me ofendiste, pero sí maltrataste al que torturaste, mataste y produjiste un enorme dolor a sus padres, hijos, etcétera. Entonces debe quedar claro que yo puedo disponer de mi generosidad, pero sobre ella debo poner los intereses y los sentimientos de los terceros afectados."

Quienes merecen un análisis aparte son los políticos, una verdadera casta poco generosa en el mundo. Suelen ser tan sectarios que, ante la posibilidad de que se realice una obra pública o se tome una medida que beneficie a la comunidad, preferirían que no se concretara si es un partido adversario el que puede llevarse el mérito. El dinero no es el motivo fundamental de su avaricia, sino la reputación y la búsqueda de reconocimiento, que es en lo que basan su prestigio para obtener más poder. Los partidos políticos son sectarios casi hasta la caricatura. Son incapaces de reconocer un acierto o tener un gesto generoso para el adversario si esto disminuye sus posibilidades publicitarias.

Otra eterna pregunta es: si tú vas por la calle y un pobre te pide dinero, ¿qué tienes que hacer? ¿Decirle: "¡Sublévese contra el mundo capitalista, hay que hacer la revolución!", o en lugar de ese sermón le das para que coma, que es lo que te está pidiendo? Yo me acuerdo de mi pobre abuelo; siempre que un mendigo le pedía, decía: "Tome, buen hombre, y gásteselo en vino". Cuando yo tenía dieciocho años, siempre les daba —cuando tenía— a quienes me pedían. Entonces algunos compañeros progresistas discutían conmigo y me decían: "Con eso no haces más que fomentar la injusticia, tapar la cara del capitalismo; tiene que haber pobres y que se vean para crear conciencia de que hay que cambiar las cosas". Yo les replicaba: "Pero si éstos no son actores pagados por el ayuntamiento, son pobres de verdad. Tú te quedarás muy contento al ver este dramático panorama, pero ellos lo que quieren esta tarde es comer, igual que tú".

También es polémica la relación que se genera a partir de la existencia de las ONGs. Una cosa es que se preocupen y actúen tratando de resolver problemas de pobreza, de ecología y de diversa índole que afectan a millones de personas, y otra muy distinta es que su actividad reemplace a las obligaciones que tienen los Estados y los gobiernos. Porque se corre el riesgo de que estemos en presencia de organizaciones que terminan —con muy buena intención, actuando como sociedades de beneficencia— liberando a los gobernantes de aquellas tareas por las que los eligió la gente.

La beneficencia celebra la existencia de pobres, porque permite a las señoras ricas, además de vivir con una gran cantidad de comodidades, satisfacer su espíritu. Por supuesto, esto ocurría en el pasado lejano, cuando los ricos vivían con sentimiento de culpa frente a los miserables. Hoy los millonarios son unos tipos que viven contentísimos de sí mismos y no les preocupa su conciencia.

IV. La ira

Satanás acusa de colérico al escritor

Satanás: *Aquí está el escritor que sistemáticamente me contradice. ¿Sabes qué hice en estos días? Estuve leyendo alguno de tus libros y descubrí que eres cultor de uno de mis pecados preferidos: la ira. Parece que es algo que no puedes contener.*

El escritor: *Es cierto, muchos de mis artículos y de mis libros son una especie de "museo del exabrupto". He necesitado el disparador del enojo y lo controversial para lanzarme sobre el teclado a escribir. La indignación me pone en marcha. Quizá si no me enfadase, no me movería.*

Satanás: *¡Qué interesante excusa para alguien que intenta reflexionar en un ámbito de calma y racionalidad!*

El escritor: *Sí, sí, la variedad de mis objetivos de guerra dialéctica es muy amplia, pero existe semejanza entre ellos: siempre están en posiciones de poder o cerca de él.*

Satanás: *Las personas irritables son maravillosas... ¡Merecen todo mi respeto!*

El escritor: *Gente maravillosa... Sí, sobre todo cuando ejercen la violencia.*

Satanás: *Lo que pasa es que eres demasiado quisquilloso, y crees que la ira es mala en sí misma, cuando tantas cosas hermosas pue-*

den conseguirse con ella… La sangre empieza a circular, se activan las células, aparecen esas ganas de vencer, de matar al enemigo. El hombre en estado natural, sin ningún tipo de domesticación.

El escritor: *Te olvidas de que somos hombres, y que los hombres generamos una cultura que nos diferencia de los animales, que por otra parte cuentan con la ventaja de no tener el dilema de evaluar si Dios y Satanás existen o no… Pero hay iras que no tienen que ver con esos resultados que destacas y que son realmente apreciables. Cuando te pones a reflexionar sobre el hambre en el mundo y llegas a la conclusión de que es una situación indignante e intolerable para una persona decente, y que tal vez por el camino de la razón no movilices a mucha gente.*

"Pero mira cómo son las cosas: cuando los dirigentes quieren crear un proceso para que las masas respalden una declaración de guerra, se preocupan en mostrar al enemigo como una figura diabólica y, por lo tanto, digna de odio.

Satanás: *¡Cuánta confusión! ¿Por qué odiarme a mí si la humanidad debería estar agradecida conmigo por ser una alternativa a todo lo que está establecido y decidido?*

El escritor: *Las únicas alternativas a lo establecido y decidido se encuentran a través del sabio ejercicio de la libertad, y de la utilización de la razón como elemento íntimamente asociado al uso de esa libertad. Diabolizar al enemigo, como todo lo que tiene que ver contigo, confunde. ¿No te parece extraño que la única coincidencia entre George Bush y Osama ben Laden sea el convencimiento de que Satanás es el otro?*

Satanás: *Dos buenos muchachos… grandes amigos.*

El escritor: *¡Yo diría peligrosos amigos! ¡Estamos ante señores que identifican contigo a quienes no estén de acuerdo con ellos!*

Satanás: *Y pensar que yo, a los que me llevan la contraria, los identifico con Dios.*

El escritor: *Y sí, aquí estamos… hablando de ti, de Dios y de la ira, de la que no se salva nadie. Hasta don Quijote fue iracundo…*

Satanás: *Yo me asombro de lo paciente que soy contigo, porque la verdad es que muchas veces me pones al borde de la ira con las cosas que me dices. ¡Tantos siglos forjando una imagen y un nombre para que todo lo que uno hizo sea cuestionado!*

El que domina su cólera, domina a su peor enemigo.

CONFUCIO

La ira, esa pasión arrebatadora, esa furia que de vez en cuando nos convierte en auténticas fieras. En apariencia somos personas como las demás, y ante un pequeño estímulo, o una provocación, nos transformamos en auténticos salvajes.

El pecado de la ira es una cuestión de grados. Es un movimiento, una reacción que puede indicar simplemente que estamos vivos y, por lo tanto, nos revelamos contra injusticias, amenazas o abusos.

Cuando el movimiento instintivo pasional de la ira se despierta, nos ciega, nos estupidiza y nos convierte en una especie de bestias obcecadas. Ese exceso es perjudicial, pero yo creo que un punto de cólera es necesario.

El escritor peruano Alfredo Bryce Echenique se reconoce admirador de los iracundos "cuando se ponen rabiosos ante una situación infame por la que callan los demás. El que se rebela, habla, grita y muchas veces se juega el pellejo es muy distinto del que tiene un colerón porque le sirvieron la carne fuera de punto".

Como en muchas cosas de la vida, con los pecados primero hay que tener la experiencia. Si eres una persona tan pacífica que nunca te has enfadado, aunque te describan mucho la ira nunca la entenderás. Si eres justo, puedes sentirte arrebatado por la ira, como me ocurre a mí de vez en cuando. Allí te toparás con el pecado. Y aunque consideres y busques motivos para la justicia de tu ira, es un estado que no te mejora, sino todo lo contrario: te empeora.

Según el periodista y neurólogo argentino Nelson Castro, "la ira es totalmente fisiológica, porque el organismo responde con una carga de adrenalina. ¿Cómo no va a haber ira si el cuerpo humano está preparado para eso? Psicológicamente es una reacción a algo que te afecta, que te altera, que te causa un daño. El problema es cuando la ira no es una reacción sino una norma de vida. Allí la ira se convierte en pecado; lo otro es algo inmanente a la naturaleza humana, que tiene cierto fin".

De cualquier manera, y pese a mis reflexiones en un ámbito de calma, me acercan a la cólera quienes se sienten inmunes e impunes, que consideran que están en la Tierra para obligar a los demás a creer lo mismo que ellos. Ejercen la violencia en forma directa o a través de sicarios, como un recurso que estimulan y por supuesto luego encubren. Combaten el escepticismo racional —tan sano para una sociedad— y promueven sentimientos masificantes; luchan contra la inmoralidad individualista, respaldan las razones del Estado, pero no se les mueve un músculo cuando desde ese mismo lugar se roba y corrompe. Son partidarios del aburrimiento que generan la seriedad y el rigor cuando tienen su origen en la repetición ritual, y enfrentan con la misma pasión aquello que se crea sin desdeñar el placer como base de su veracidad. Estos personajes me alteran y hacen que no me haya callado nunca, y creo que tampoco lo haré en el futuro.

"La reacción frente a la violencia suele ser la ira —dice Abboud—, ya no hablando solamente del mundo islámico, sino refiriéndonos a cualquier persona que ve su casa hecha pedazos y su familia destruida. Se produce un proceso de desracionalización que inmediatamente puede llevar al odio y a la venganza. Aunque un ataque suicida o un atentado no son el resultado de una acción irracional, sino que se trata de algo previamente pensado y meditado con suma frialdad. Quienes estamos dentro del Islam consideramos que la adversidad hay que combatirla con la paciencia y la perseverancia, y así dominar la ira que puede surgir. Es diferente al caso de tener que soportar a un opresor, ya que en el Islam es tan pecaminoso oprimir como dejarse oprimir. El término *Yihad*, mal traducido como 'Guerra Santa', quiere decir 'vencerse a sí mismo', 'doblegar ese fuego interior'.

"¿Qué es la ira de Dios? —se pregunta Abboud— y que Dios me perdone porque estoy diciendo esto: es la reacción del Señor cuando verifica que los creyentes están transgrediendo las normas a sabiendas. En cuanto a los hombres, no pueden establecerse patrones previos para definir los motores que generan la ira. El desorden que provoca es uno de los peores. En ese estado, el ser humano puede llegar hasta a acciones impensadas."

Mujica recuerda: "Hay una anécdota que cuenta la historia de un hermano que vivía en un monasterio y tenía tendencia a la ira. Un día tuvo una violenta discusión con otro monje y cayó muerto por un ataque al corazón. Entonces el abad dijo: 'Hay que enterrarlo fuera del campo santo porque murió de ira'. Apareció un ángel que informó a los presentes que el alma del muerto estaba en el cielo. ¿Cómo —se pregunta el abad—, si murió de ira? A lo que el ángel le contesta: 'No, murió peleando contra su propia ira'. Por lo tanto, el tema es cómo ordenar esos sentimientos, porque también podemos tener una ira creativa y positiva, aquella que es despertada por una injusticia, que es diferente de la nacida del ego o la arrogancia".

Lo interesante en este caso es que, pese a que la ira es un pecado, se le puede atribuir a Dios. Pero sería escandaloso hablar de la lujuria, la avaricia o la envidia de Dios. Es evidente que la divinidad se reserva el derecho a la ira.

Hoy el mundo tiene una tendencia a la ira fácil. Cada vez son menores los niveles de paciencia y reflexión. Lo que veo peligroso es la posibilidad de que en algún momento se conjugue la ira con el razonamiento, y que se concrete un mix que respalde lo que algunos llaman la ira razonada, lo que es un contrasentido, pero que puede ser una base riesgosa para justificar cualquier acción con la excusa de "aquí no hay otra manera de hacer las cosas".

Cuando fui a dar una conferencia para educadores a Dinamarca con motivo de la edición de *Ética para Amador,* me encontré con que la mayoría de los docentes eran mujeres. En general cuando se producen conflictos entre alumnos, y hasta que egresan a los diecisiete o dieciocho años, las maestras cortan de raíz cualquier posible pelea entre chicos de edades parecidas. Cuando salen del sistema escolar y entran en el mundo real, esos jóvenes pueden morir en una pelea callejera porque no tienen medida de lo que puede ocurrir en ella. No tienen noción del daño que pueden provocar y recibir. Lo cierto es que si has perdido tres o cuatro peleas en tu niñez, vas aprendiendo lo peligroso que puede ser levantarle la mano a otro, o que te lo hagan a ti. Así comienzas a entender que recurrir a la violencia no suele ser el mejor camino para andar por la vida.

Goldman explica: "En la tradición judía se habla de dos impulsos, que algunos traducen como bueno y malo, y que en realidad son positivo y negativo. Ambos chocan para que el ser humano pueda tener una noción de lo público y lo privado. Esta pugna es fundamental. Un exceso de impulso positivo puede llevarnos al mesianismo, a que todo el mundo sea exactamente igual por imposición. Sin el impulso negativo no existiría el sentido de lo privado, de la familia. Este choque es el que permite al ser humano moverse en el mundo. Tal vez la historia sea la lucha del bien contra el mal. Pero no con la intención de eliminar el mal, sino de combatir en forma permanente contra él. Cuando creemos que la cuestión es terminar con el mal, lo que estamos haciendo es fundamentalismo. Al mal no se lo extingue, se lo combate, y esta búsqueda permanente y constante es la que lleva a que el hombre pueda ser creativo. Lo opuesto al bien no es el mal, lo opuesto al bien es lo mejor. La civilización va a acomodándose en forma permanente entre el bien y el mal.

"El mal no es erradicable —afirma Goldman—, pero sí pueden ser erradicados los malos. La supuesta pelea contra el mal es eterna y no termina nunca. Cuántas veces lo bueno se transforma en malo. La historia tiene infinidad de ejemplos de actos y personajes que en un momento aparecían como buenos y, luego, fueron considerados malos. El poder como verbo es algo que va modificándose y es bueno, pero cuando se establece y se institucionaliza pasa a ser sustantivo y perverso".

Para Abboud, "la demonización del adversario posiciona al que lo hace en el lugar del bien y, por lo tanto, de la verdad, descartando esas virtudes en el otro. Éstos son argumentos básicos para los fundamentalistas y mesiánicos, porque no buscan el mejoramiento del ser humano ni de su pensamiento. Y aquí tenemos la base de los enfrentamientos entre los mesianismos occidentales y los orientales".

Abboud cree que "la ira religiosa y la afectiva son las más peligrosas. Cuando alguien descubre que ha sido engañado por su pareja, muchas veces termina en un incidente con golpes, heridos y muertos. Esa sensación también es parecida a la de los hombres que van a la guerra convencidos de que lo hacen en nombre de Dios: lo más probable es que maten o se hagan matar con la felicidad del deber cumplido. Hay que tener en cuenta que existen estados y religiones fundamentalistas porque hay individuos que tienen actitudes de ese tipo, y que se niegan a dialogar con el otro".

Los días de furia

En el cristianismo, la ira es entendida como el producto de "un apetito desordenado de venganza". Para que se transforme en pecado, es imprescindible que exista el desorden, lo contrario a la razón. Se considera que existe una ira buena, que es la que tiende a suprimir el mal y restablecer el bien.

Los que somos coléricos por naturaleza no llevamos la ira a un nivel destructivo. Pero las personas que tienen un umbral de ira muy alto van cargándose sin dar señales, hasta que al final la última gota rebasa la copa y estrangulan al portero cuando bajan a la calle o al primer individuo que se les cruza. Entonces comienzan las preguntas de los vecinos, que dicen: "¿Cómo ha podido ser si era una persona tan tranquila?". Con alguien de mal carácter habría sido distinto, todos habrían estado prevenidos.

Según Nelson Castro: "El tema es la lucha entre el raciocinio y lo instintivo. El problema de la ira —y por eso creo que lo concebimos como pecado capital— es que lo instintivo, lo emocional, lleva a una situación descontrolada de enorme perjuicio. Esto que se conoce como la emoción violenta, que es una de las manifestaciones de la ira, puede tener efectos impensados que se extienden incluso sobre aquel sujeto que ha sido el desencadenante. Hay personas que tienen esa capacidad de reacción inmediata. Y son diferentes de aquellos que no tienen esa capacidad, y van acumulando rabia hasta que la descargan de distintas maneras: a veces sobre el prójimo y otras veces sobre sí mismos. Esto marca todo un cuadro patológico".

No hay por qué tolerar el enfado gratuito de los otros, pero no hay nada peor que el que va echando en su mochila todo lo que le causa fastidio hasta que se rompen las costuras y ocurre un desastre. Es más controlable la persona de habitual mal genio que aquella que pierde los nervios ocasionalmente, como el personaje de Michael Douglas en la película *Un día de furia*.

El individuo iracundo busca defectos en forma permanente, tropieza con la gente dando gritos y creando situaciones incómodas, pero a su vez tiene un límite. Si lo ves venir, lo evitas. En cambio, aquel que está con un aire amable de pronto pega un rugido y te salta al cuello: la suya es esa ira que no hay manera de controlar.

"El Día del Perdón —dice Goldman—, que es el más sagrado en la tradición judía, tiene que ver con perdones rituales de errores del mismo tipo que cometimos en el año y que se resuelven esa jornada. Pero las fallas comunes contra otros seres humanos sólo puede perdonarlas el hombre. Los hebreos consideramos, en este caso, que el otro debe tener la capacidad de perdonar, porque de lo contrario se transforma en maldad. Hay que pedir tres veces perdón, y si a la tercera el ofendido no aceptó la disculpa se transforma en malvado. Uno de los grandes temas de discusión está relacionado con los asesinatos. ¿A quién se tiene que pedir perdón? A los familiares del muerto o al muerto. Existen distintas posiciones en la tradición judía, algunos aseguran que no sirve ir al cementerio para hacer un acto de perdón, porque se trata de una instancia donde el error no puede subvertirse y la disculpa no puede ser aceptada por la víctima.

"En el Día del Perdón, aunque uno no vaya a la sinagoga, Dios perdona. Porque Dios no depende de la oración del humano, que debe tener un correlato con lo que pasa en su vida.

"¿A qué llamamos castigo divino? —se pregunta Goldman—. Se trata de aquellos errores que tarde o temprano se pagan, no importa en cuánto tiempo o de qué manera, porque los caminos de Dios son muy sofisticados."

LA IRA BUENA, LA IRA MALA

La ira puede ser un motor para poner en marcha a las personas. Volviendo al ejemplo del hambre en el mundo, si llegas a la conclusión de que se trata de una situación indignante, intolerable para una persona decente, tal vez por el camino de la razón no movilices a mucha gente. Pero si argumentas poniendo una película de un gordo seboso arrebatando un pedazo de pan a un niño famélico, la gente sentirá tal indignación que será capaz de echarse a la calle para impedir que eso ocurra.

La ira por sí sola, como sublevación ante abusos e injusticias, rara vez logra resolverlos. La puesta en marcha de la ira es imprescindible para buscar una solución y debe estar acompañada por momentos de calma que permitirán pensar cómo encontrar el camino.

Estas situaciones deberían manejarse por la vía de la reflexión, sin necesidad de ilustraciones patéticas. Los líderes que quieren controlar la masa intentan despertar y manipular su indignación. Según el ejemplo que ya dimos, el proceso para que las mayorías respalden las guerras pasa por crear una figura diabólica del enemigo.

Pero también es cierto que los políticos populistas utilizan la ira en el sentido social, como un buen truco para tener en un puño a determinados sectores. Son los que aseguran que para mejorar las condiciones de vida de los pobres hay que castigar a los ricos. Hay una anécdota sobre Otelo Saraiva de Carvalho, uno de los líderes de la Revolución de los Claveles en Portugal —el más radical—, quien hizo una gira por Europa para recoger fondos y respaldos para el nuevo gobierno. En Suecia se encontró con el primer ministro Olof Palme, quien simpatizaba con la situación portuguesa, y le preguntó: "¿Usted por qué cree que la revolución ha recogido tantas adhesiones dentro y fuera de Portugal?", a lo que Saraiva contestó: "Porque queremos acabar con los ricos", entonces el sueco respondió: "La diferencia es que nosotros lo que queremos es terminar con los pobres". Ésta es la distinción entre la cólera desordenada que quiere el castigo, pero que en el fondo no sabe cómo arreglar el problema, y la justificada que dice: "Yo estoy en contra, pero no de la riqueza, sino de la pobreza y del mal reparto". Hay que terminar con la injusticia de la mala distribución tratando de incluir dentro del sistema a aquellos que están excluidos. Éste puede ser un ejemplo de una buena utilización del odio y la ira contra la pobreza. Así es algo sano y útil, mientras que tener como objetivo fundamental castigar al rico es absolutamente estéril, porque no mejorará la realidad de los pobres. Lo que tienen que hacer los gobiernos es generar más riqueza y crear sistemas de distribución que alcancen a todos.

Nelson Castro relata: "Un pastor que trabajaba en una cárcel me contó una anécdota estremecedora sobre un joven que cumplía condena por asaltar y asesinar a sangre fría a una persona. El pastor le preguntó: '¿Pero por qué lo mataste si ya te habías llevado lo que querías?'. El preso le contestó: 'Porque me produjo enojo ver que una persona de mi misma edad —tenía dieciocho años— había podido disfrutar de una infancia con juguetes, con padres, había podido ir a la escuela, y me dio bronca, me dio enojo'". Esta historia no justifica, pero explica. También debería hacer pensar, a quienes tienen responsabilidad ante la sociedad, que antes de reprochar a quien llega a portarse como una fiera hay que evitar que viva como un animal. Porque, tarde o temprano, se comportará en forma inhumana.

Es curioso que la ira sea uno de los tópicos en los que han coincidido George Bush y Osama ben Laden. Ambos llevan a la práctica el convencimiento de que Dios está con ellos y que combaten al amo de los Infiernos. En síntesis, vivimos ante el peligro de señores que aseguran que han identificado al Mal en todos aquellos que le llevan la contraria. Es una situación preocupante incluso desde el punto de vista clínico. Estamos en presencia de la frase-lema de la época de las Cruzadas: "Dios lo quiere".

Cuando hablamos de un Dios colérico, nos referimos sobre todo al del Antiguo Testamento. Pero recordemos que Cristo incluso se enfrentó a latigazos en el templo con los comerciantes. Fue algo intemperante por parte de aquel señor teniendo en cuenta que los pobres mercaderes poseían todos sus permisos en regla; ninguno era vendedor ambulante ilegal. Además, se habrán preguntado por la ira de Jesús, que ni siquiera era inspector. Sin embargo, ese gesto descontrolado es considerado como un ejemplo de Santa Cólera.

También se cree que una sociedad que no siente repulsión por determinados actos está baja de defensas. Por supuesto que una comunidad que llama "terrorismo" al hecho de que no se respeten los semáforos está enferma de paranoia. Pero si esa sociedad permite que niños de siete años sean martirizados en el trabajo infantil, o que sus conciudadanos estén amenazados de muerte por haberse expresado en un periódico, eso es también una actitud enfermiza.

Hay veces en que la ira social, siempre y cuando no sea desproporcionada, si enfrenta un abuso o una injusticia se convierte en una forma de cordura. La ira está relacionada con los fracasos, las frustraciones, los conflictos de cada persona. Nelson Castro cree que "en las sociedades donde el sistema judicial no funciona, aparecen la ira y la justicia por mano propia, que llega a ser justificada por integrantes de esas comunidades. Cuando la justicia falla, genera una sociedad iracunda".

Es cierto, también, que la ira es una especie de droga, que te hace sentir intensamente vivo. El iracundo lo pasa en forma estupenda mientras está enfadado porque suben sus energías, se carga de adrenalina y tiene la sensación de quemarse de indignación. La realidad es que, si eres un poquito consciente, luego te sientes avergonzado de haberte creído un rayo destructor, como una tormenta vista desde adentro.

Por lo general, procuro tener una representación humorística de las cosas como contrapeso de la ira. Porque el colérico se toma todas las cosas en serio, las que lo merecen y las que no, con lo que pierde de vista los temas importantes. En el iracundo no existe el sentido del humor ni siquiera para las cosas domésticas.

En lo personal, creo que pueden hacerme cualquier cosa siempre y cuando piense que la persona no tuvo mala intención. Si en un restaurante he pedido un estofado y me traen un gazpacho, digo: "Bueno, el gazpacho está bien", y me lo como si me convenzo de que fue un error involuntario. Pero cuando veo mala fe o arrogancia, pierdo el control.

Casi siempre la ira es explosiva, apasionada, incluso trasladándose a conductas masivas. Por ejemplo, 500.000 personas en las calles de Madrid protestando por la invasión de Bush a Irak parecían muchos individuos, pero la realidad era que había otros cuatro millones que no fueron tomados por la ira y no salieron a la calle. Lo cierto es que son más vistosos los que toman una ciudad.

Pero lo que también ocurre es que los estallidos de ira colectiva suelen mostrarse como una simple celebración deportiva. La comparación vale porque cuando los simpatizantes de un determinado equipo de fútbol ven que su mejor jugador ha hecho un partido horrible, todo es indignación y odio contra el hombre. Pero si marca un gol apenas comenzado el siguiente encuentro, el odio de la multitud se transforma en una adoración hacia el héroe. Es decir, que la experiencia del gran sentimiento compartido pasa del espanto al amor sin solución de continuidad.

Salir a la calle, en general, no tiene más que la profundidad del momento. La gente salta, grita y siente el arrobo de tener la razón de su lado y de representar a la Santa Cólera. Luego las personas vuelven a sus casas, pasan dos meses y la mayor preocupación es pagar el recibo de la luz y otras cosas. Cuando llegan las elecciones, votan a aquellos contra los que protestaban. Pareciera que "todo el mundo" cambió de opinión y apoya a quienes antes insultaron. Pero volvemos al tema anterior: las multitudes que toman las calles no suelen ser "todo el mundo".

Castigar o vengar

Desafiar a los dioses genera la ira divina. Tal fue el caso de Prometeo. Cuando los dioses moldearon a los mortales mezclando tierra y fuego, mandaron a Epimeteo y Prometeo a que les dieran facultades distribuyéndolas de manera equitativa. Epimeteo se hizo cargo de la tarea, que luego sería supervisada por Prometeo. Repartió velocidad a los más débiles, fuerza a los más lentos, cubrió de pieles o pelos espesos a quienes debían morar en zonas frías. Pero debido a un error de previsión, Epimeteo no llegó a entregarle beneficios al hombre, que quedó desnudo, sin abrigo e inerme ante los demás seres vivos. Al darse cuenta de la situación, Prometeo robó a Atenea y a Hefesto la sabiduría en las artes y el fuego, y se los regaló a los seres humanos. Gracias al obsequio fueron los únicos que pudieron reconocer a los dioses, a quienes les erigieron altares. Así el hombre continuó desarrollándose creando vestidos, viviendas, armas y haciéndose paulatinamente dueño de la Tierra. Pero el castigo a Prometeo por su robo fue dramático. Encadenado por Zeus en lo alto de una montaña de los montes Cáucaso, un enorme pájaro devoró sus entrañas por haber cometido el sacrilegio de tocar las mismas fuentes del ser.

Mujica ejemplifica contando que "Prometeo intenta generar una cultura independiente de la naturaleza y pierde. Igual les pasa a quienes quieren construir la Torre de Babel. En la actualidad nosotros también generamos una cultura no sólo independiente de Dios, sino también de la naturaleza, al tener hijos a los setenta años y extender nuestra vida biológica aunque carezca de contenidos. Allí vemos la *gibris*, que es la desproporción, la arrogancia, en el sentido de arrogarse una esencia que no le pertenece al hombre".

Todo castigo lleva implícita la venganza. Es lo que llamamos un apetito ordenado de venganza. Estamos hablando de acciones que pueden realizarse sin ejercer la ira, sin ferocidad. Esto denota equilibrio: este señor ha cometido un atropello y la forma en que el damnificado se serene es que sepa que al otro no le ha salido gratis. Así se logra que la sociedad se quede tranquila, asegurando que los abusos y delitos no quedan impunes y que no serán fomentados.

La ira hace que se produzca un afán de llevar el castigo hasta prácticamente la destrucción del otro. Se trata de algo desproporcionado, porque la ofensa no se mide por el volumen del daño que produce, sino por la enorme importancia que se da uno a sí mismo. En este caso podríamos relacionar a la ira con la soberbia. Si no cedes el paso en una puerta, algo que personas normales considerarían una descortesía, a don Rodrigo Díaz de Vivar le parecería una ofensa tal que te costaría un sablazo y adiós cabeza.

Dice Goldman: "La ley del Talión, en la tradición judía, tiene que ver con medidas de justicia vinculadas con la misericordia, porque el 'ojo por ojo, diente por diente' debe tener límites. Por ejemplo, si aplico el castigo de perder un ojo a un tuerto no es lo mismo que hacerlo con alguien que tiene sus dos ojos, porque lo dejamos ciego. Entonces es cuando aparece la solución de aplicar un castigo pecuniario que logre resarcir a la víctima, que debe ser ejemplar para que al victimario le duela, sin que el castigo se transforme en venganza".

El peligro es dejar de lado la dimensión pedagógica y reformadora que deben tener los castigos. No hay duda de que la pena de muerte carece de toda connotación reformadora. La visión progresista y racional de esta cuestión es lograr que el castigo se concrete disociando al sujeto de su delito. O sea: "Usted no es un asesino, sino una persona que ha matado", lo que quiere decir: "Usted es como los demás, no está determinado por sus genes, o color de piel, o por sus ancestros, a ser un homicida; pero de hecho usted ha empleado mal su libertad y ha matado". Por un lado está el individuo y por otro su delito. Lo que pretendemos es que el individuo y su delito no se vuelvan a reunir y, por lo tanto, vamos a hacer todo lo posible para mantenerlo separado de la sociedad, tratando de distanciarlo de su delito a través de la educación, la disuasión, etc.

Según Mujica, "el gran problema de la pena de muerte está en reducir al acusado a lo singular. Los medievales decían que del singular no se puede hablar, porque el lenguaje es genérico. No hay lenguaje de lo uno. Precisamente, los genios son los que llegan a la categoría de uno. O sea ni Mozart ni Beethoven son uno mejor que el otro, porque los dos son incomparables. Entonces el problema es que la justicia no siempre tiene que ver con la ley. El juez es quien tiene que singularizar a un acusado dentro de la ley. Hay dos grandes escuelas de derecho: las que tienden al castigo y las que buscan la recuperación. En el caso de la pena de muerte, gana el castigo. Se trata de justicia sin misericordia".

Lo peor de la pena capital es que confunde al delincuente y a su delito para siempre. Es decir, hemos ejecutado al criminal y, de paso, su crimen. Pero estamos frente a un desorden, no porque carezca de normas y pautas, sino por lo exagerado del comportamiento.

Lo mismo ocurre con las teorías raciales, que te condenan a no ser más que lo que se ha determinado que fueras. En 1876 el médico italiano César Lombroso publicó el libro *El hombre delincuente*, en el cual, luego de estudiar 383 prisioneros y acudiendo a teorías evolucionistas y antropológicas, explicó a su criterio los orígenes de las conductas delictivas.

Para Lombroso existían tres tipos de delincuentes. Primero tipificó al criminal nato, degenerado y primitivo, que era considerado poseedor de las regresiones de la evolución más bajas que pudieran encontrarse. Continuaban en la lista los delincuentes dementes, quienes tendrían patologías mentales, físicas y/u orgánicas. Por último describió a los criminaloides, quienes no tendrían características específicas que los descubrieran como indeseables, pero en algún momento su naturaleza mental o emocional los predispondría al delito.

Lombroso, con su teoría de antropología delictiva, concluyó que había dieciocho características físicas indicativas de un criminal nato, entre ellas, desviación en tamaño y forma de la cabeza; raza y región de proveniencia del delincuente; asimetría del rostro; dimensiones excesivas de mandíbula y pómulos; defectos y peculiaridades del ojo; orejas de tamaño raro o muy pequeño; nariz torcida, curvada o con una punta que sube como la cresta de los orificios nasales hinchados; labios carnosos, abultados y destacados; bolsas en las mejillas.

Por lo tanto, primero configuraban tu perfil racial y, luego, determinaban que nunca podrías salir de esa caracterización. Si eras negro, eras perezoso, estúpido o ladrón. Estabas condenado de antemano por tu color de piel. Si tenías determinadas señas físicas que indicaran que eras un apuñalador de abuelas, no había forma de que pudieras defenderte: "Pero si yo a mi abuela la quiero y la cuido hace años". "No, señor, usted tiene la cabeza de los apuñaladores de abuelas y no se discuta más."

Éste es el problema de considerar que las conductas tienen una relación íntima con los genes. Una cosa es que tú vayas a tener algún tipo de enfermedad degenerativa y eso te lo borren del gen. Otra distinta es que quieran hacer lo mismo con tu adicción al alcohol o a comprar revistas pornográficas. Allí están atacando tu libertad para decidir qué hacer con tu vida. Estamos ante una frontera demasiado lábil. Por ejemplo, cuando algunos arzobispos dicen que la homosexualidad es una enfermedad. O no vaya a ser que usted, en lugar de curarme mi glaucoma, me quite mi afición al tinto. Aquí estamos en presencia del lombrosismo moderno aplicado a la genética.

Hablar de pueblos irascibles es una manera de simplificar las cosas. Cuando nos referimos a comunidades, estamos analizando cientos de miles de personas, con actitudes diferentes y formas de vida diversas. Pero, en el caso particular del pueblo español, en este momento está mucho más dado a la indignación que a la reflexión. No es extraño que alguien torture por amor, o por supuesto amor, como está sucediendo en España en los casos de violencia doméstica. Según ha descrito muy bien en algunos de sus artículos del ensayista español Rafael Sánchez Ferlosio, lo que hace el iracundo es algo temible: cargarse de razón. Cuando en mi país alguien dice esto significa que acto seguido va a disparar. Allí tenemos a la gente más peligrosa, aquella que busca todo tipo de argumentaciones, para que su ira parezca Santa Cólera y no arrebato intemperante. Y aquellos que toman por estos caminos son los que pueden concretar los desastres más tremendos. También hay un aforismo de Sánchez Ferlosio que dice: "Para que una persona normal quiera cometer cualquier atrocidad, basta que crea tener razones para ello".

Por ejemplo los nazis, que eran unos monstruos, según ellos mismos eran señores cumpliendo su trabajo. Burócratas que seguían las leyes del Reich, seguros de que estaban haciendo el bien. Y bastaba esa convicción para justificarse ante sí mismos y los demás.

Escudados en la ira, les damos una trascendencia exagerada a nuestros deseos y, como contrapartida, una enorme importancia a lo que los contraría. El iracundo es alguien que considera que sus proyectos son fundamentales para la humanidad. En los países occidentales, los conductores se dedican a insultar, provocar y llegar a los golpes con cualquiera que se les adelante o se les cruce en la autopista o en las calles, ya que lo ven como un ataque personal. Blasfeman, gritan, quieren matar al otro, porque se cargan de razón y llegan al convencimiento de que se trata de algo deliberado y completamente maligno por parte de los demás. En cambio, uno va por las calles de cualquier ciudad de Japón, y ese tipo de situaciones la gente las ve como fruto de las circunstancias naturales del tránsito. Un japonés lo siente como una molestia, y puede llegar a su casa más o menos enojado, pero nunca convencido de que todos se han confabulado para perjudicarlo. Hay quienes llegan a extremos insólitos cuando consideran que la lluvia es una agresión personal de la climatología contra sus planes de pasar un buen fin de semana.

La historia nos muestra también este tipo de personajes. El rey Jerjes de Persia había decidido invadir Grecia. En el estrecho de Helesponto hizo formar un puente con su flota para que pasara el ejército, pero al primer intento el mar embravecido destrozó la obra. Jerjes, furioso, hizo azotar trescientas veces con cadenas a las aguas y marcarlas con un hierro candente. Luego dijo: "Agua salada, tu dueño te castiga por haberle ofendido", e hizo decapitar a quienes levantaron el puente. La ira le hizo perder la cabeza al monarca, que estaba convencido de que el mar había decidido fastidiarlo para que sus tropas no llegaran a la otra orilla. Pero en materia de extremos y desórdenes, Jerjes se llevaba las palmas. Según el historiador Herodoto, sus fuerzas contaban con más de dos millones y medio de combatientes y más de cinco millones de no combatientes. Por otra parte, a orillas del río Estrimón los persas sacrificaron a una tropa de caballos blancos y luego enterraron vivos a nueve muchachos y a otras tantas doncellas, en honor a los dioses. Los resultados finales demuestran que ser extremista no asegura nada. Jerjes fue finalmente derrotado por los griegos.

SER PACIENTE, PERO NO MUCHO

Lo que se opone a la ira es la paciencia. Según Mujica, "la paciencia se transforma en complicidad del explotador cuando no se responde ante actos injustos, cuando uno tiene la obligación de hacer algo frente a situaciones generadas por el mal y se queda de brazos cruzados. Yo puedo ser paciente y dejar que el otro me explote, pero debo reaccionar si la explotada es otra persona. La paciencia es mi elección subjetiva. Además, yo tengo una responsabilidad sobre mí. Yo recibí una vida para llevarla a la plenitud. Entonces la paciencia llevada a un extremo de la inacción, en lugar de ser un ejercicio de virtud o un bien mayor para todos, se transforma en algo que no me permite a mí ser yo mismo. Estoy siendo injusto también con lo que la vida me pide".

Yo soy poco paciente, pero creo que a medida que pasan los años uno gana en realismo, ya que las virtudes no son más que distintas formas de realismo, mientras que los vicios son simplemente el producto de una mirada poco realista. En ellos uno se considera más importante que los hechos mismos, y que lo que puede producir en terceros. Con los años alcanzas a conocer tus verdaderas fuerzas en la vida y hasta dónde puedes llegar. Pero, en verdad, soy consciente de que una de mis virtudes no es la paciencia, aunque no le guardo rencor a nadie. Infinidad de veces he regañado a distintas personas y, cuando con el tiempo me los encuentro en la calle, los saludo con total afecto. Claro que, en estos casos, no sé si no soy rencoroso o simplemente tengo problema de falta de memoria.

Lo mismo me ocurre cuando escribo algunos artículos. Llego hasta el ordenador en estado de incendio sobre tal o cual cosa. La experiencia me ha enseñado que debo pararme, esperar dos o tres días y escribir a caballo de la razón y no de la ira. Aunque con la ira seguramente me saldría algo más divertido para el lector.

También existe una paciencia constructiva, que tiene que ver con la conciencia de que muchas cosas no pueden cambiarse de hoy para mañana. Por lo tanto, si creo que el sistema financiero es abusivo, mejor que quemar los bancos con los banqueros adentro voy a tratar de gestionar que un partido político proponga medidas y leyes que reestructuren sus funciones para que sean más útiles al conjunto de la sociedad. Seguramente esto me llevará más tiempo, pero será más eficaz que poner una bomba en el club volando a todos los plutócratas. La paciencia es constructiva cuando aplaza una reacción virulenta, hasta tener mejores caminos para ejercerla. Claro que si la paciencia es simplemente apatía o resignación frustrada puede ser, en ocasiones, peor que la ira.

La paciencia es operativa cuando piensas que la espera, finalmente, llevará a que puedas intervenir en el cambio de circunstancias y mejorar la situación. Pero en el momento en que pierdes la esperanza de lograr un cambio, entras en el peor de los mundos.

También se relaciona con aquel que tienes adelante. Cuando lord Halifax, ex virrey de la India, visitó a Hitler en su condición de secretario de la Oficina de Relaciones Exteriores británica, el canciller alemán le confesó que no entendía lo que estaba pasando en la India. Un imperio como el inglés estaba siendo jaqueado por un personaje como Mahatma Ghandi. Lord Halifax intentó explicarle el peso y la irradiación moral que significaba Ghandi. Hitler lo interrumpió y le explicó su teoría, que era algo así: "Usted escoge a doscientas personas y se las fusila delante del resto; si continúan las protestas al día siguiente, usted fusila a cuatrocientas, y así hasta terminar el problema". Pero lo que sucedió fue que la paciencia de Ghandi necesitaba también de la paciencia de lord Halifax.

Aún se debate sobre la responsabilidad del Gran Consejo Judío acerca del Holocausto, ya que ordenó tener paciencia y no enfrentar a Hitler. Por lo que queda claro que la paciencia también depende de quién tengas adelante, porque la de Ghandi era útil frente a Gran Bretaña, pero fue mala para enfrentar a Hitler.

"La paciencia en el judaísmo —explica Goldman— es un hecho dinámico, no pasivo. Implica tener la inteligencia y la sutileza para saber cuándo actuar. La espera paciente del momento adecuado es algo activo, que tiene como objetivo pensar en términos de eficacia. Pero nosotros no entendemos la paz como la idea de ofrecer la otra mejilla. Hay que buscar el tiempo adecuado para rebelarse contra el sometimiento. Por ejemplo, la epopeya del levantamiento del Gueto de Varsovia. Todos sabían que no iban a ganar, pero no importó porque era el momento adecuado para actuar. Era un buen ejemplo de resistencia frente al absurdo que se estaba viviendo. Finalmente, triunfaron como paradigmas de lo que significa la rebelión frente a la pasividad. El judaísmo no pondera la supervivencia, sino la vivencia. La esclavitud no es vida, por lo tanto la rebelión frente a esta situación le da un sentido póstumo."

Los que siempre están impacientes son los jóvenes. En ellos la frase característica es: "Esto no puede ser", pero la verdad es que puede ser porque es, y todo lo que es, es porque puede ser. En estos casos lo que deberíamos hacer es intentar arreglarlo, pero no verlo como una alteración del orden del universo, porque todas las cosas que ocurren, por atroces que sean, pueden ser y son. Esto no quiere decir que nos resignemos, y si el problema dura diez segundos, años o meses pueda durar otros diez; lo que debemos hacer en esos plazos es intentar resolver la dificultad.

Es difícil ver el resultado final de ser paciente. Salvo con los hijos, con quienes en general tienes una relación por el resto de tu existencia. Distinta es mi visión como profesor universitario. A los educandos los ves un año y después desaparecen de tu vida, y nunca sabes si lo que has hecho con paciencia ha tenido alguna utilidad. En algunas oportunidades, te encuentras con uno de ellos y te dice: "Leí aquel libro que me dijiste, no sabes lo que significó para mí", pero eso rara vez pasa.

La vida del educador siempre tiende a la esquizofrenia. Es el sector de trabajadores donde se da la mayor tasa de enfermedades mentales. Los maestros mal pagados, desatendidos por la sociedad, se enfrentan con alumnos totalmente zafados. Ante el menor elemento coercitivo que utilizan para normalizar una clase les cae encima una inspección, o un padre ofendidísimo por cómo tratan a su pobre hijo. Lo real es que un educador que quiera mantener cierta disciplina está muy desprotegido.

El docente nunca debería actuar con ira, sino castigar explicando el sentido del castigo. Sin embargo, aún existen maestros que ejercen el don de la paciencia, porque todavía siguen creyendo que pueden imponer sanciones, o hacer valer su autoridad de manera razonable. Pero la mayoría se ha resignado. Amigos maestros y profesores me dicen: "Ya no me importa que estén escuchando tal o cual cosa con sus auriculares mientras están en mi clase; pero cuando se paran encima de la mesa, ponen la música a todo lo que da y de paso comienzan a acariciarse con una chica que tienen al lado... ¡me distraen! No espero que se reformen, pero por lo menos que me dejen dar clase y cumplir con mi trabajo".

Recuerdo a un paciente profesor de Hispánica que tuve en el primer año de la facultad. Daba unas clases de literatura que no me interesaban en lo más mínimo. El tema de la materia me encantaba, pero en sus manos era la más aburrida del mundo. Sin embargo, me enseñó algo extraordinariamente útil, porque desde el primer día se empeñó en que teníamos, sin ninguna posibilidad de excusas, que aprender a escribir a máquina. Insistió, insistió con toda su paciencia, algo que a mí me parecía agobiante, hasta que me compré una maquinita de escribir y aprendí con los tres dedos. Entonces a este hombre, de cuyas clases no me acuerdo absolutamente nada, le debo una de las cosas más útiles que he aprendido en mi vida.

V. La lujuria

Dos amigas de Satán quieren salir con el escritor

Satanás: *Fernando, ¡bienvenido! ¡Llegas justo! Acabo de hablar para salir esta noche con unas amigas mías y cuando les dije que venías quedaron encantadas. Qué poder la palabra, ¿no? ¡Ah! La literatura da de comer a mucha gente...*

El escritor: *No lo tomes mal, pero será en otro momento... Podemos hablar de gula y no por eso ir a comer juntos, y podemos hablar de lujuria sin necesidad de que me presentes a tus amigas. En este tema del sexo y la lujuria, hay muchos aspectos que están pasados de moda. Hoy, en lugar de la castidad, deberíamos hablar del pudor; hay personas que guardan una estética del sexo. Entre una mujer que va vestida de manera elegante y sugestiva, y la puta que lleva un sostén mínimo en la esquina, yo prefiero a la primera.*

Satanás: *Yo, en ese caso, tengo posición tomada: me quedo con las dos. Pero no entiendo por qué la gente asocia la lujuria y el sexo conmigo.*

El escritor: *Yo creo que la gente se equivoca.*

Satanás: *No hay nada mejor que el sexo sin negación y sin ningún tipo de límites.*

El escritor: *No es malo disfrutar, pero sí es cuestionable y cen-*

*surable hacerlo contra la voluntad del otro, lastimándolo física o es-
piritualmente.*

Satanás: *No, no, no, no... la clave es siempre el placer, lo demás es secundario. Uno debe sólo procurarse placer.*

El escritor: *Pero, ¡qué curioso, Luzbel! Esa absolutización
tuya del placer se parece mucho a la visión de los puritanos, que lo
que ven de malo en el sexo es justamente la parte del placer.*

Satanás: *¡Pero filósofo! ¿Es que hay algo más saludable que
dedicarse con pasión, energía, en cuerpo y espíritu al sexo? El sexo
es salud... El sexo abre, abre el apetito, abre la imaginación...*

El escritor: *Bueno, no sé cómo será en el Infierno, pero aquí los
pobres seres humanos que se empeñan en fornicar mañana, tarde y
noche exageran un poco la nota. Francamente, si padeces un poquito
del corazón, puede ser peligroso.*

Satanás: *¡Ahí está! El campeón de la libertad poniéndoles repa-
ros a la felicidad y el placer del hombre. Cuidado con esto, cuidado
con aquello...*

El escritor: *Parece que la sociedad está en la búsqueda permanente de héroes sexuales.*

Satanás: *¿Pero qué mejor para alguien que ser admirado por su
capacidad sexual, por su nivel erótico?*

El escritor: *Así planteado es como un aviso que dice: "Si usted
no copula todos los días, entonces no está en nivel competitivo y está
faltando a las obligaciones del hombre moderno".*

Satanás: *¡Ah! ¡Los humanos siempre tan sensibles! Esto del
estrés nunca me afecta, aunque más tarde, cuando me encuentre con
mis amigas, yo solo ya que tú no quieres venir, voy a pensar seriamente en todo esto que hablamos.*

¿Por qué lo llaman amor, cuando quieren decir sexo?

GROUCHO MARX

La lujuria es uno de los pecados más escandalosos, y también de los más tentadores. Gracias a ella, todos vinimos al mundo.

¿Pero cuál es realmente la esencia mala de la lujuria? ¿En qué sentido quienes no tenemos especial afán puritano podemos encontrar algo defectuoso en el exceso de la lujuria? Tengo claro que si hay algo bueno en ella es precisamente el placer. Creo que el placer es bueno, sano y recomendable. Si hay algo malo en la lujuria, será el daño que podamos hacer a otros para conseguir goce, al abusar de ellos, aprovecharnos de la inocencia de menores o de gente que por su situación económica tiene que someterse.

No creo que, a pesar de lo que San Agustín y otros santos padres han dicho de la sexualidad, hayamos venido a este mundo a sufrir. La sexualidad no es un instrumento que debamos utilizar casi con repugnancia sólo para la reproducción, sino que es una fuente de relación humana y de contento en un mundo donde las alegrías no abundan.

Pero, como en todos los casos a los que estamos refiriéndonos, el límite de la lujuria desde el punto de vista humanista es causar daño a otro. El sexo con niños es malo por el daño que se les hace. No es malo disfrutar, pero sí es censurable causar mal a otro. Antes se condenaba al placer, ahora al daño y el dolor que se producen. Es la visión progresista de los pecados.

En España, en la época del franquismo —que era muy pacato y muy puritano—, se perseguía con enjundia la pornografía y lo que los censores consideraban inmoral. Así, cada vez que podíamos miles de personas cruzábamos la frontera para ver las películas prohibidas. Cuando murió Franco proliferaron en España los cines porno. Cada esquina prácticamente tenía uno. Parecía que nunca iba a existir otro negocio de tal magnitud. A los seis meses, quedó sólo el veinte por ciento de las salas abiertas. Cuando la gente tuvo libertad para elegir, se autorreguló y comenzó a ver películas normales. Puede divertirnos ver una cinta porno, pero no tiene sentido que uno se alimente en forma permanente con esa bazofia. Pero si te lo prohíben —al igual que el alcohol y las drogas—, tienes la sensación de que violar las normas es mucho más placentero.

Jacobo Benigno Bossuet, célebre obispo de Meaux, Francia, comenta en su *Tratado de la concupiscencia* la primera epístola de San Juan: "No améis al mundo, ni las cosas que están en el mundo. Si alguno ama al mundo, el amor del Padre no está en él. Porque todo lo que hay en el mundo es concupiscencia de la carne, concupiscencia de los ojos y soberbia de la vida". Bossuet describe los horrores del cuerpo pecador, su furor, la pasión y el frenesí que lo agitan durante el día y lo turban por las noches. El santo obispo decía que el mal se encontraba asociado a la carne, bien nos resistamos a él o nos dejemos arrastrar por ese río flamígero. Nuestros sentidos son precarios, y esto queda verificado en la glotonería insaciable, en la desesperación de nuestros ojos —que nunca se cansan de ver para poseer y de poseer para ver—, en los desvaríos de la curiosidad exacerbada, en la soberbia y el amor propio.

Bossuet daba respuestas a lo que él consideraba las causas de esta desesperante circunstancia generada por la concupiscencia: "Y ahora, ¿quién osaría pensar en otro placer de los sentidos, en otros excesos que se declaran de una manera harto más peligrosa? ¿Quién, repito, osaría hablar de ellos, y quién no piensa en ellos sin peligro para execrarlos? Una vez más, oh Dios: ¿Quién osaría hablar de esta profunda y vergonzosa plaga de la naturaleza, de esta concupiscencia que une el alma al cuerpo por lazos tan tiernos y a la vez tan violentos, de los que es tan difícil desprenderse y que producen en el género humano tan espantables desórdenes? ¡Tierra tres veces desgraciada, de donde surgen continuamente humo tan espeso y vapores tan negros como los que se desprenden de estas pasiones tenebrosas! ¡Tierra tres veces desgraciada, cuyas pasiones tenebrosas nos ocultan el cielo y la luz, de donde parten también relámpagos y truenos de la justicia divina contra la corrupción del género humano!".

Bossuet explica además cómo fue el comienzo y la relación de nuestros primeros padres con el pecado: "El placer de los sentidos se experimentó muy pronto en todo el cuerpo, y ya no fue solamente el fruto prohibido, que placía a la vista y el gusto. Adán y Eva realizaron el uno con el otro una tentativa harto más peligrosa que todas las demás sensibles y, obligados a pensar en ello nosotros mismos, preciso es que de ello desviemos nuestro pensamiento". Estas ideas fueron las que en nuestra niñez trataron de inculcarnos con una energía digna de mejor causa, pero lo cierto es que nuestra generación vivimos como una sana rebeldía el romper con estas máximas basadas en que todo lo que se acercaba al placer y a la carne nos daba un pasaje directo al Infierno. No hay más que recordar a San Pablo cuando afirmaba: "Los que tienen mujeres deben vivir como si no las tuviesen, y las esposas, como si no tuvieran por ende maridos, y unos y otras sin sentirse demasiado ligados a la carne". En definitiva, algo muy sencillo y honesto: pensar como si no se pensase, hacer a un lado el matrimonio estando casado.

En mis tiempos, la educación católica imponía la frase: "Eso no se hace porque es pecado". Desde niño no entendí por qué razón se cuestionaba la masturbación, algo sumamente privado. El hecho de que mereciera la atención pública y que, además, se tratase de un pecado ¡fue una sorpresa para mí! Lo grave es que algo tan particular haya adquirido un rango de problema general.

Goldman se pregunta: "¿Cuál es la diferencia entre el hombre y el animal? No la capacidad racional, sino el hecho de prostituirse. El animal no tiene capacidad de prostitución, que significa conseguir con el cuerpo un beneficio que no es el placer sexual, algo diferente al sexo mismo".

Los pecados referentes al sexo, si no fuera porque te dicen que están prohibidos, nunca pensarías que lo están. No se te ocurre masturbarte o rascarte por una prohibición.

"El sexo hoy se presenta ante nosotros —dice Abboud— y viaja muy lejos de la idea de la procreación. Desde el punto de vista islámico, el acto sexual es algo íntimamente ligado a la procreación. Pero esto no quiere decir que esté condenado disfrutar del sexo, que para los musulmanes es algo recomendable, por supuesto, siempre dentro del matrimonio. De hecho, lo primero que llamó la atención a los europeos cuando el Islam comenzó a conocerse fue que era una religión que planteaba la sexualidad, y que tenía toda la carga —aún vigente en algunos lugares— de la poligamia. Hoy en la sociedad existe un endiosamiento del sexo, desde una acción muy marketinera, a partir de la cual pasa a ser una presencia en nuestras vidas y, muchas veces, un mandato. Entonces entran a jugar el estado de juventud permanente y la búsqueda —tanto en hombres como mujeres— de ser siempre atractivos, para lograr estar dentro del circuito del sexo."

Adiós, sexo, adiós

Hay que poner el acento en el respeto, más que en la castidad. Me refiero al respeto al otro, algo que va desde evitar la

110

violencia doméstica, que llaman como una especie de absurdo "la violencia de género". Se debe renunciar al sexo como instrumento de dominación, imposición, maltrato y exigencia, pero no abstenerse de él como elemento placentero. Hay que desterrar la idea de tratar al otro como un objeto y no como un fin. La castidad sólo es buena por aquello a lo que se renuncia, entonces no existe más virtud que "haber dejado de..." Hay otras cosas que en sí pueden tener un carácter positivo, pero a la castidad lo único que le da prestigio es lo que no haces, es decir, la no acción. Si renuncias totalmente al sexo estás dándole una importancia enorme, pues para que tu renuncia sea una cosa prestigiosa tienes que estar pendiente del tema en forma permanente. De esta manera, estás convirtiendo la obsesión sexual en un absoluto. Es una negación que glorifica al sexo. No hay más que recordar lo que decía San Antonio sobre los pies: "Son todos voluptuosos". Son formas de virtud renunciativas, que como toman su peso de la renuncia enaltecen aquello que resignan. Una persona que tiene una vida sexual normal no transforma en central este tema. Todo lo contrario hace el casto, ya que está congestionado frente a aquello que pretende dejar de lado.

Sobre el tema alguna vez ironicé en mi libro *Instrucciones para olvidar El Quijote*: "De los gozos de la castidad apenas hace falta hablar, porque son perfectamente evidentes. Pronto nos veremos en la difícil obligación de defender a la fornicación de sus numerosos detractores. ¡A ver entonces cómo nos las arreglamos...! Al comienzo de *El Ángel Exterminador*, los depravados invitados a la cena que luego resultará fatídica dialogan deliciosamente; alguien cotorrea: 'Dicen que fulanita es virgen', y su interlocutora responde: 'Pues será una perversión nueva...'. Esa nueva perversión lleva camino de

convertirse en auténtico y popular vicio. Los jóvenes más jóvenes, según me cuentan algunos amigos que practican la sociología urbana, han renunciado a todas las siglas políticas
antaño frecuentadas, entre ellas a esa JOS (jodida obsesión
sexual) que tantas gozosas desventuras nos proporcionaba
hace unos cuantos años. Supongo que es la consecuencia lógica de tanto manual danés de posturitas eróticas. La gente va
descubriendo que el colmo de la concupiscencia es dejar en
casa el vibrador eléctrico haciéndoselo con la muñeca hin-
chable, mientras uno se va tranquilamente al cine a ver un
documental sobre las islas desiertas del Océano Ártico. Había
que haberlo imaginado".

QUE SE EMBARACEN OTROS

Existe un abandono del sexo en el sentido procreativo, que
es peligroso para el futuro de las sociedades desarrolladas. Las
parejas quieren libertad, vivir su vida, y renuncian a tener
hijos dentro de un marco de comodidad personal. Esto des-
acelera los niveles de natalidad y pone en alerta amarillo los
sistemas de retiro, ya que cada vez son menos aquellos que
aportan y más los que sacan, y así las sociedades envejecen. A
partir de esta decisión de no procrear se enlaza el fenómeno
de la inmigración, un tema polémico en toda Europa. Los
inmigrantes están transformándose en los hijos que los europeos se niegan a tener, en la sangre nueva. Entonces comienzan a verse cambios culturales, sociales y económicos de los
que recién estamos en sus prolegómenos.

Lo cierto es que en el sexo, una vez salidos del marco
exclusivo de la procreación, los juegos que pueden generarse
son infinitos: hacer el amor con mujeres, con hombres, por

delante, por detrás, de una manera o de otra. Se abre una variedad de posibilidades que están condenadas como pecados. Recordemos que la tradición cristiana subdividió estos vicios en: fornicación, estupro, rapto, incesto, sacrilegio, adulterio, polución voluntaria, sodomía y bestialismo.

El cristianismo pone como centro el concepto de reproducción y perpetuación de la especie, por lo que repudia la lujuria, que se convierte en una acción vacía, sin sentido, que aleja de Dios a las personas.

Claro que a la lujuria también hay que ponerle un límite. Ni que hablar si se sufre de alguna cardiopatía. Estamos frente al peligro de convertir al sexo en una obligación. Hay gente traumatizada sobre si tiene orgasmos simultáneos o por separado, si saben o no dar placer, cuáles son las posturas que son capaces de realizar: boca abajo, cabeza arriba. Tienes que disfrutar hasta el exceso, como si fueras un forzado, un verdadero militante del sexo, que si no haces todas las proezas que esperan de ti —o que tú esperas— serás acusado de impotente.

Entonces, el sexo se transforma en lo mismo que el dinero para los norteamericanos. Cuando estuve en universidades de los Estados Unidos, me he quedado sorprendido porque es el único sitio del mundo donde estás hablando con un catedrático, un metafísico, y de pronto pregunta: "¿Y esa camisa que usted lleva dónde la ha comprado y cuánto le costó?". Cuando le cuentas que la adquiriste por cinco dólares, inmediatamente te explican adónde tienes que ir para comprarla a dos dólares. No debes derrochar el dinero. O cuando te recomiendan un restaurante y te dicen: "No podrá comerse usted toda la comida, tendrá que llevársela a casa", entonces es cuando yo me salgo de las casillas y les explico: "Es que no quiero llevarla, ¡yo quiero comer, no almacenar!". Pero no comprenden que no estés atento a sacarle todo el rendimiento posible a tu dinero.

Algo parecido está pasando con el sexo. Deja de ser un recreo, un acto lúdico, para transformarse en algo a lo que vas horrorizado. Piensas: "Tengo que cumplir, tengo que hacerlo mejor que los demás, tengo que demostrar que estoy por encima de cualquier otro amante". Lo que logras es traumatizarte, y el sexo se convierte en una fuente de estrés, igual que el trabajo.

Los seres vivos, en líneas generales, se reproducen de maneras nada espectaculares ni placenteras. En los humanos es sorprendente cómo el acto destinado a la reproducción se ha transformado en un elemento tan fundamental. Porque podría ser como la respiración, que uno la haga sin enterarse, o que nos reprodujéramos por esporas. Realmente la reproducción sexuada es un barroquismo de la naturaleza. Lo más normal sería que nos reprodujéramos de una manera mucho más sencilla, sin toda esa carga de diversión libidinal. Por otra parte, a diferencia de la mayoría de los animales, nosotros no tenemos período de celo, porque siempre estamos en celo. Las bestias no están empujadas en forma permanente a tener sexo. Los seres humanos terminamos olvidando la razón básica del sexo, que es reproducirnos. Simplemente lo vemos como un objetivo primordial, como uno de los elementos que, si desapareciera, la vida pasaría a tener poco o ningún interés.

Llama la atención ver cómo las yeguas pierden todo interés en el macho luego de que han sido cubiertas. Una de las pruebas para saber si la yegua ha quedado preñada es que, cuando el caballo intenta montarla nuevamente, ésta se lo impide. Ya se acabó su necesidad, que es la de quedar lista para continuar la especie. Esto nos muestra que los animales no son lujuriosos, pero la que indica que se llegó al límite es la hembra.

El sexo y el placer tuvieron tiempos en los que se los asociaba a la divinidad. La palabra *sacer,* de la cual viene "sagrado", quiere decir "intocable", por lo bueno y por lo malo. Hubo culturas que ponían en ese lugar a las sacerdotisas, prostitutas sagradas. Esas putas eran sagradas en el sentido de que eran socialmente intocables. Por ejemplo, los ritos antiguos de fertilidad han sido de carácter sexual y siempre estaban destinados a la gran diosa, que era la Tierra. En la Mesopotamia, los sacerdotes tenían relaciones con las sacerdotisas en lo más alto de sus templos. Los sumerios estaban en contra de la virginidad, por esa razón se iniciaba a las jóvenes llevadas por sus propias madres. El celibato era considerado antinatural. En Babilonia todas las mujeres debían hacer el amor con un desconocido por lo menos una vez en la vida, dentro del templo de la diosa Ishtar. En Grecia los homenajes a la diosa Afrodita terminaban en grandes orgías, que eran protagonizadas por las hetairas, las prostitutas sagradas.

Aunque a algunos les parezca escandaloso, no había lugares donde se destilara más sinceridad que en las orgías, verdaderas apoteosis de la franqueza. Allí se mostraba con honestidad la condición plural del hombre, que el mito de la identidad personal y del yo estable siempre nos esconde.

Una orgía, tal y como afirma el *Diccionario de la Real Academia* en su primera acepción, es un "festín en el que se come y bebe inmoderadamente y se cometen otros excesos". Las orgías dedicadas a Dioniso o Baco fueron, en sus inicios, verdaderos rituales del amor. En ellos se ofrecía a los dioses un presente para propiciar sus favores, en forma de fertilidad femenina y terrestre. Con el correr del tiempo, esta creencia perdió su base religiosa y se transformó en exceso hedonista.

Es especialmente famoso el caso de las orgías romanas, que llegaron a dimensiones monstruosas durante ciertos períodos de su historia imperial.

La prostitución es el oficio más antiguo del mundo, y tiene una relación muy íntima con el comercio ya que, como cualquier pequeño o mediano empresario, las prostitutas, desde hace siglos, viven de vender su mercancía. Son parte del proceso productivo en el rubro de servicios. Si analizamos la historia, las putas han sido más positivas para la humanidad que la actuación de cientos de gobernantes, estadistas y líderes religiosos. Tal vez una excepción sea la de Helena de Troya. Dice la mitología griega que nació de unos huevos que puso Leda cuando fue seducida por Zeus. Ya crecidita, decidió abandonar a su marido, Menelao, e irse a vivir con el príncipe troyano Paris. Lo que ocurrió después es bastante conocido, fundamentalmente por la fuerza del cine de Wolfgang Petersen y Brad Pitt. Los distintos pueblos griegos decidieron unirse para lavar la afrenta, atacaron y sitiaron Troya durante años. La treta del caballo de madera impidió a Helena y Paris ser felices para siempre. Todo terminó en una masacre. Muerto Paris, su hermano Deífobo tomó por esposa a la viuda, quien lo entregó a los griegos. Pero el futuro de Helena no fue muy dichoso. Ya de regreso a Esparta, Menelao murió al poco tiempo y ella fue expulsada del Peloponeso por indigna. Huyó a Rodas, donde su reina, Polyxo, ordenó asesinarla. Pero en general las cortesanas no han sido responsables de guerras, ni de la quema de herejes, ni han fomentado intolerancias, ni desacreditado a las inteligencias que no estuvieron dispuestas a someterse al poder. Una lista de acciones que han sido el pan corriente en la historia de los hombres.

Rivera Letelier cuenta en sus libros historias entrañables sobre estos temas: "Los obreros buscaban entablar amistad con estas mujeres, que eran especiales. En la época de las grandes huelgas mineras no tenían dinero para pagar los servicios, por lo que las chicas se marchaban a lugares donde podían tener trabajo remunerado. Hay una historia que cuenta cómo una de ellas, que era una puta comunista, pidió la palabra en una asamblea y les dijo que así como sus mujeres habían hecho ollas comunes para alimentarse junto a sus hijos, ella iba a hacer la olla común del amor. Por lo que todos podían pasar por su camarote, que ella les fiaría y que luego del fin del conflicto le pasarían a pagar. Lo que no tuvo en cuenta fue que el problema duraría noventa días, después de los cuales sólo se consiguió un 2,4 por ciento de aumento. Entonces ella ajustó a sus deudores un 2,4 por ciento, por lo que desde entonces se la conoció como la 2,4. Era, indudablemente, una puta heroica".

Si bien en inglés la traducción de lujuria es *lust*, siempre la asocio a la palabra *luxury*, que significa "lujo" y da una sensación de derroche, de algo que es más prometedor que su acepción semántica. Estoy seguro de que detrás del lujo y el derroche está la posibilidad de tener sexo en el corto plazo.

VI. La pereza

El Diablo interrumpe el trabajo del escritor

El escritor: *No te esperaba, tengo que seguir trabajando y estoy realmente ocupado.*

Satanás: *¿No te das cuenta de que eres un esclavo? ¡Eres tan contradictorio! No haces más que hablar de la libertad, y ocupas todo tu tiempo entre papeles, ordenadores, conferencias y política. Si te vieran los griegos, se espantarían de tu actitud. Fernando, vives confundido...*

El escritor: *No empecemos, Luzbel, el que siempre quiere confundirme eres tú. Los griegos eran mucho más inteligentes de lo que tú quieres hacerlos aparecer. Y hoy por hoy el trabajo es algo ineludible, y hay que tratar de hacerlo con alegría y placer.*

Satanás: *¡Lo imagino a Aristóteles trabajando ocho horas por día, cinco días a la semana, por un puñado de monedas! Confundes pecados con virtudes. Ser diligente y trabajador es un nuevo engaño de mi ex jefe.*

El escritor: *No te alteres... Estoy de acuerdo en que Aristóteles habría puesto el grito en el cielo si lo hubieran obligado a trabajar, porque pensaba que esas tareas tenían que hacerlas los esclavos. Pero esto no quiere decir que los ciudadanos griegos se dedicaran todo el día a la nada. Hacían las cosas que en esos tiempos y en ese contexto histórico se consideraban actividades útiles: pensar, discutir, ocuparse de la cosa pública, guerrear contra otros pueblos.*

Satanás: *¡Al fin reconoces sin cinismo que las guerras son algo útil y bueno para los hombres!*

El escritor: *Yo no he dicho eso. En esos tiempos la sociedad griega tenía la guerra entre sus actividades más importantes, lo que no quiere decir que sea recomendable que los hombres se anden matando los unos a los otros.*

Satanás: *La pereza, mi querido amigo, es algo espantoso y pecaminoso, según veo. ¿Qué es esta forma de vida hiperactiva de los hombres y mujeres, siempre tensionados, al borde del estrés, sin gozar de nada de lo que hacen por estar todo el tiempo en actividad y no parar nunca? Ahora recuerdo otra máxima del Señor de las Alturas: "Ganarás el pan con el sudor de tu frente"... y la verdad es que lo único que ganarás seguro es un infarto. ¡Qué trampa y cómo caen!*

El escritor: *Es que la hiperactividad es la otra cara del mismo mal. Tener actitudes desordenadas y extremas, que lo único que hacen es volverse en contra de quienes las practican. Una persona que vive al borde del surmenage tiene la misma eficacia que aquella que nunca quiere mover un papel.*

Satanás: *Lo que más me molesta es ese tono de profesor que pones cuando quieres argumentar en contra del realismo que te hago vivir con mis palabras.*

El escritor: *Ten cuidado, porque ahora, además de defensor de la pereza, estás con una actitud un tanto soberbia...*

Satanás: *Mira, tengo cosas mucho más importantes que hacer que tratar de convencerte de que vas por el mal camino con este proyecto. Haces daño confundiendo a la gente, que podría disfrutar tranquilamente de aquello que algunos llaman pecados o apetitos desordenados. Pero contigo no se puede perder el tiempo. Mejor me voy a descansar...*

En la mayoría de los hombres, las dificultades son hijas de la pereza.

SAMUEL JOHNSON

La pereza es la falta de estímulo, de deseo, de voluntad para atender a lo necesario e, incluso, para realizar actividades creativas o de cualquier índole. Es una congelación de la voluntad, el abandono de nuestra condición de seres activos y emprendedores.

Un viejo cuento narra cómo un padre luchaba contra la pereza de su hijo pequeño, que no quería nunca madrugar. Un día llegó muy temprano por la mañana, lo despertó y le dijo: "Mira, por haberme levantado temprano he encontrado esta cartera llena de dinero en el camino". El niño, tapándose, le contestó: "Más madrugó el que la perdió". La pereza siempre encuentra excusas.

Es perezoso quien renuncia a sus deberes con la sociedad, con la ciudadanía, quien abandona su propia formación cultural. La persona que nunca tiene tiempo para leer un libro, para ver una película, para escuchar un concierto, para prestar atención a una puesta de sol. Aquel que tiene pereza de convertirse en más humano.

El escritor y humorista argentino Roberto Fontanarrosa tiene una teoría: "La pereza ha sido el motor de las grandes conquistas del progreso. El que inventó la rueda, por ejemplo, no quería empujar y caminar más. Detrás de casi todos los elementos del confort supongo que ha habido un perezoso astuto, pensando cómo hacer para trabajar menos".

Hernán Rivera Letelier, quien trabajó hasta publicar su primer libro en las inclementes minas del desierto chileno, cuenta: "En la Pampa del Norte de Chile, la pereza era un

121

lujo, por lo que yo me califico como un perezoso de nacimiento. Yo creo que la pereza es buena, de vez en cuando, pero sin caer en la desidia, que es la parte más pecaminosa de este pecado".

La pereza muchas veces tiene que ver con las temperaturas y las condiciones ambientales en general. No se puede exigir el mismo nivel de actividad a alguien que trabaja en un sitio con veinte grados de temperatura que a otro que tiene que moverse con más de cuarenta grados.

> La pereza no es más que el hábito de descansar antes de estar cansado.
>
> JULES RENARD

Descubrí la razón de la mala prensa que tiene el trabajo cuando conocí el origen de la palabra *trepalium*. Se trataba de un instrumento de tortura romano, un trípode formado por tres estacas clavadas en el suelo, donde los esclavos eran puestos en suplicio. La derivación del verbo *trepaliare* significaba "torturar con el *trepalium*".

El derecho a la pereza, un texto de Paul Lafargue —el yerno de Carlos Marx—, es una deliciosa ironía sobre las obligaciones del hombre y la importancia del descanso. Decía Lafargue: "Si al disminuir las horas de trabajo se conquistan para la producción social nuevas fuerzas mecánicas, al obligar a los obreros a consumir sus productos, se conquistará un inmenso ejército de fuerzas de trabajo. La burguesía, aliviada entonces de la tarea de ser consumidora universal, se apresurará a licenciar la legión de soldados, magistrados, intrigantes, proxenetas, etc., que ha retirado del trabajo útil para ayudarla a consumir y despilfarrar. A partir de ese momento, el mercado de trabajo estará desbordante; entonces será necesaria una ley férrea para prohibir el trabajo: será imposible encontrar ocupación para esta multitud de ex improductivos, más numerosos que los piojos. Y luego de ellos, habrá que pensar en todos los que proveían a sus necesidades y gustos fútiles y dispendiosos. Cuando no haya más lacayos y generales que galardonar, más prostitutas solteras ni casadas que cubrir de encajes, cañones que perforar, ni más palacios que edificar, habrá que imponer a los obreros y obreras de pasamanería, de encajes, del hierro, de la construcción, por medio de leyes severas, el paseo higiénico en bote y ejercicios coreográficos para el restablecimiento de su salud y el perfeccionamiento de la raza. Desde el momento en que los productos europeos sean consumidos en el lugar de producción y, por lo tanto, no sea necesario transportarlos a ninguna parte, será necesario que los marinos, los mozos de cordel y los camioneros se sienten y aprendan a girar los pulgares. Los felices polinesios podrán entonces entregarse al amor libre sin temer los puntapiés de la Venus civilizada y los sermones de la moral europea.

"En el régimen de pereza, para matar el tiempo que nos mata segundo a segundo, habrá espectáculos y representaciones teatrales todo el tiempo; será el trabajo adecuado para nuestros legisladores burgueses. Se los organizará en grupos recorriendo ferias y aldeas, dando representaciones legislativas. Los generales, con botas de montar, el pecho adornado con cordones, medallas, la cruz de la Legión de Honor, irán por las calles y las plazas, reclutando espectadores entre la buena gente... Si la clase obrera, tras arrancar de su corazón el vicio que la domina y que envilece su naturaleza, se levantara con toda su fuerza, no para reclamar los Derechos del Hombre (que no son más que los derechos de la explotación capitalista), no para reclamar el Derecho al Trabajo (que no es más que el derecho a la miseria), sino para forjar una ley de bronce que prohibiera a todos los hombres trabajar más de tres horas por día, la Tierra, la vieja Tierra, estremecida de alegría, sentiría brincar en ella un nuevo universo... ¿Pero cómo pedir a un proletariado corrompido por la moral capitalista que tome una resolución viril?

"Como Cristo, doliente personificación de la esclavitud antigua, los hombres, las mujeres y los niños del proletariado suben penosamente desde hace un siglo por el duro calvario del dolor; desde hace un siglo el trabajo forzado destroza sus huesos, mortifica sus carnes, atormenta sus músculos; desde hace un siglo, el hambre retuerce sus entrañas y alucina sus cerebros... ¡Oh, Pereza, apiádate de nuestra larga miseria! ¡Oh, Pereza, madre de las artes y de las nobles virtudes, sé el bálsamo de las angustias humanas!"

La pereza viaja tan despacio que la pobreza no tarda en alcanzarla.

BENJAMÍN FRANKLIN

Claro que uno tiene que ganarse la vida, y entonces debo convencer a los demás de que me paguen por algo que haría con mucho gusto aunque no me dieran un centavo. Así, tengo que poner mi empeño en aparentar que estoy frente a una tarea que me agota y me cuesta una enormidad. Por lo tanto, he tenido que aprender a fingir que trabajo, mientras en realidad estoy haciendo cosas placenteras. De lo contrario, correría el riesgo de tener que hacer lo que no me gusta para recibir ingresos. Hablar y escribir son mis dos fuentes principales de dinero, ya que por las otras cosas placenteras que aprecio en la vida no sólo no recibo un centavo, sino que los pierdo. Me refiero a la lectura, la siesta y las carreras de caballos. Alguna vez escribí a modo de reproche: "¡Si el leer estuviese convenientemente retribuido! ¡Si algún Estado realmente filántropo pagase por página leída, y en forma automática se engrosara la cuenta bancaria tras cada novela policial o cada tratado de metafísica que concluimos!". Yo sería hoy mucho más rico y creo que habría vivido desde la niñez más contento. Es posible que nunca me molestara en hacer otra cosa.

Para Goldman, "el poder puede ser sustantivo o verbo. Si es lo primero, no sirve para nada; cuando es verbo, tiene capacidad creativa. Entonces, el desafío es transformar en forma permanente la vida en verbo. Cuando Dios dice: 'En el séptimo día vas a descansar', es en oposición a que el resto de la semana tengas que hacer. Trabajar no significa un estatus, sino que es un verbo, un sentido de lo creativo. Por eso la desocupación es una afrenta al plan divino, porque Dios ordena descansar, pero en virtud de que trabajes el resto de los días".

Goldman explica: "En hebreo, 'trabajo' se dice *avodá*, que es la misma palabra que se utiliza para decir 'plegaria', 'oración'. El trabajo mismo es una oración. Cuando uno está trabajando, está poniendo en forma creativa lo mejor de sí y también está orando. Hay un texto del Génesis que es muy claro en este aspecto: 'El hombre fue creado para guardar el mundo y para trabajarlo'. Guardar el mundo quiere decir cuidarlo y tener sentido del trabajo. Cuando dejamos de trabajar, lo que hacemos es generar una continuidad del trabajo en el sentido creativo del descanso. Cuando no trabajamos, estamos sacralizando nuestro tiempo. Mientras que el ocio tiene que ver con la desacralización del tiempo".

Abboud dice: "Nosotros también hablamos de la pereza de la fe, porque para algunos es más fácil generar actos de adoración pasándose el día rezando en la mezquita que trabajar. Hay una anécdota muy ilustrativa al respecto, sobre un hombre que rezaba mientras su hermano trabajaba y lo mantenía. El profeta dijo que el rezo ante la vida lo hacía el hermano que trabajaba. Hay muchas formas de pereza; una es, también, desperdiciar el talento, aquellos individuos que no hacen nada para crecer y mejorar sus condiciones naturales".

Mucha gente sostiene que no puede levantarse a tal hora o que no puede hacer tal cosa; a mí no me pasa eso. Yo, poder, puedo. Suele suceder que no tenga ganas de madrugar, pero si tengo que hacerlo para subir a un avión, lo hago. El antídoto contra la pereza es la voluntad y, muchas, veces la conciencia de la necesidad.

En la antigüedad, lo que se oponía a la pereza era la actividad, no el trabajo. Para un griego, el trabajo era cosa de esclavos. Pero nunca hubiese dicho que era mejor la inactividad. Aristóteles se habría horrorizado de saber que tendría que trabajar, pero también se habría escandalizado de saber que la pereza le impediría ponerse a pensar.

En la actualidad se ve al trabajo como lo contrario a la pereza; pero claro, nosotros estamos obligados a trabajar. Por ejemplo, en el siglo XVI la gente consideraba que lo contrario a la pereza era levantarse temprano para ir a cazar, perseguir a las mozas y luchar contra el infiel. Ésas eran las actividades que había que desarrollar, no ponerse a construir una vivienda con argamasa o levantar la cosecha. Los caballeros y los nobles despreciaban el trabajo, pero no predicaban estar tumbados todo el día.

El ocio, a diferencia de la pereza, es simplemente un tiempo que no se emplea en las cuestiones laborales. Los romanos que lo inventaron hablaban de ocio y de negocio, el no-ocio. El neg-ocio era algo que tenía que ver con las necesidades. Las personas que no están ociosas son las que atienden necesidades: se están lavando, peinando o trabajando en el campo. En cambio, ocio significa dedicarse a lo que te gusta. El ocio es simplemente lo que haces sin que necesiten pagarte por hacerlo, y el negocio es lo que haces para tener ingresos. La pereza es, en cambio, que tú no hagas nada: ni negocio ni ocio.

La gran diferencia que hay entre una persona culta y una inculta es que esta última precisa mucho más dinero para gastar el fin de semana. La cultura es una fuente comparativamente barata de entretenimiento. Los interesados en la cultura tienen más fuentes a las que recurrir para entretenerse: una vida más rica, imaginativa y artística. Los días de un individuo inculto son todos iguales. En definitiva, el último sentido de la cultura es luchar contra el aburrimiento. Aquí vale recordar la frase del poeta francés Stéphane Mallarmé: "Maldición; mis sentidos, mis instintos, están tristes, ¡y ya he leído todos los libros!"

Esto no significa que exista, necesariamente, una relación entre la capacidad espiritual de los hombres y sus lecturas. Conozco gente carente de espíritu, en el sentido fuerte del término, que vive entre las páginas de Shakespeare o de Borges. En cambio, el mundo cuenta con una gran cantidad de sabios que nunca leyeron al inglés o al argentino, ni a ningún otro.

Ya que estamos en el territorio del pecado y del Dante, hay gente que jamás tuvo noticias de *La Divina Comedia* y alcanzó la gracia de la serenidad, a la que no pueden llegar otros que conocen la obra del florentino con pelos y señales. Las predilecciones culturales no identifican personalidades semejantes. Yo nunca hubiera sido amigo de Hitler, aunque compartimos la admiración por un músico genial como fue Mozart.

Los hombres avezados en lecturas suelen poseer una visión modificada de la realidad, que pueden hacerles perder objetividad. El ensayista francés Michel de Montaigne describió a quien le brindó las primeras informaciones sobre los caníbales americanos como: "Un hombre sencillo y grosero, lo que es condición propicia para prestar testimonio verdadero; pues las gentes cultivadas observan con mayor agudeza y más cosas, pero las glosan; y para hacer valer su interpretación y hacerla persuasiva, no pueden librarse de alterar un poco la historia. No nos representan nunca las cosas puras, las inclinan y enmascaran según el rostro de lo que desean; y para reforzar el crédito de su juicio y hacernos compartirlo, abultan voluntariamente tal aspecto del asunto, lo alargan y lo magnifican. O bien es preciso dar oídos a alguien muy fiel, o a uno tan simple que no tenga con qué aderezar y hacer verosímiles invenciones falsas, y que no tenga opinión alguna sobre este tema".

Pero, como en todos los órdenes, pasarse de revoluciones frente a la pereza es peligroso. La diligencia excesiva y compulsiva lleva al estrés, que bloquea y paraliza. Un ejecutivo muy laborioso es sumamente útil para una empresa, pero si llega hasta el frenesí, agobiándose, termina por convertirse en un perfecto inútil. Aquel que no cambia un papel de su sitio en toda una mañana no sirve, tanto como el que impone un ritmo de actividad que termina llevándolo a una casa de reposo.

Yo soy un gran defensor de la siesta, que en este mundo hiperactivo es víctima de una conspiración. Sufro una enormidad cuando me contratan de Francia o Suecia para dar conferencias. Las programan a las tres de la tarde, y uno, que tiene el cuerpo hecho al descanso después del almuerzo, recibe miradas de desprecio cuando solicita el beneficio de la siesta.

La expresión *workaholic* describe a quienes ponen al trabajo como centro de sus vidas descuidando todo lo demás, incluso sus afectos personales. Se trata de una adicción a la acción, en el sentido más estricto de la palabra.

La tendencia a trabajar en exceso, por encima de los propios límites y las necesidades personales, por mera dependencia psicológica al trabajo, ha sido llamada también "el dolor que otros aplauden". Es una compulsión, que a corto o largo plazo resulta autodestructiva. Lejos de recibir críticas, este tipo de adictos son premiados por la sociedad muy habitualmente con el éxito. El problema es que recorren con mayor rapidez el camino hacia la muerte.

Cuando el placer deja lugar al sufrimiento

En la medida de lo posible, las tareas que uno encare en la vida deben tener un componente placentero para poder hacerlas con gusto y que sus resultados sean positivos. Cuando empiezas a sentir como un castigo de Dios las cosas que normalmente son una fuente de placer significa que te estás pasando y tienes que cambiar la actitud para poder recuperar el placer perdido. Dar una charlita, escribir una columna, es algo muy agradable. Pero si tienes un motorista en la puerta que está esperando el artículo que debe entrar en el cierre de la edición del diario de mañana y tú vas por media página, o aceptaste dar una conferencia a la mañana, otra por la tarde y otra por la noche, bueno... se convierte en una trampa donde no paras de sufrir y pasarla mal.

No fueron pocas las ocasiones en las que el aburrimiento fue el gran motor de la historia. De hecho, los seres humanos han subido montañas, se han embarcado rumbo a lugares remotos, como una posible solución a su aburrimiento. Si las personas no nos aburriéramos, no haríamos nunca nada. El matemático y filósofo francés Blas Pascal decía: "Todos los males humanos vienen de que los hombres no somos capaces de quedarnos tranquilos en nuestras casas". Es cierto que si hiciéramos caso a Pascal y nos conformáramos con lo que tenemos, se acabarían la mitad de los bombardeos, las conquistas y los latrocinios. Pero no es posible, los seres humanos no podemos quedarnos quietos.

Yo relacionaría la pereza con la desmotivación, aunque algunos lo hacen con el aburrimiento. Pero aquel que se aburre puede ser activo. El perezoso está desmotivado para hacer cosas y prefiere no cambiar su actitud. La desmotivación social tiene varios orígenes. Uno de ellos es la educación ultrapermisiva, sin ningún tipo de límites, que se da especialmente en países occidentales. Antes no había lugar para la desmotivación; las cosas había que hacerlas porque así estaba establecido, sin dar muchas explicaciones, y esto era un gran elemento para que la gente cumpliera con sus deberes. Se creía en que había que casarse, tener hijos, rezar, ser fiel. Todo estaba perfectamente establecido. Nadie se preguntaba, o por lo menos no lo hacía en público: ¿Por qué tengo que llegar virgen al matrimonio? ¿Por qué tengo que ser fiel?

Hoy, en cambio, los fines son privados, por lo tanto hay que razonarlos: ¿Para qué y por qué hacemos las cosas? El problema es que muchos de los objetivos humanos son difíciles de razonar y contestar: ¿Para qué quieres subir a la cima de la montaña? ¿Para qué quieres nadar en un millón de dólares? ¿Para qué quieres un refrigerador más grande?

Todas estas preguntas necesitan argumentos para contestarlas; generalmente careces de ellos, entonces te desmotivas. En el pasado, la sociedad se basaba en presupuestos aceptados. La mayoría —salvo personajes muy inquietos— no pensaba en la existencia como un conjunto de preguntas que había que responder en forma individual. En esto hemos cambiado, la gente piensa o busca hacer cosas que tengan un sentido. Hoy la búsqueda debe tener contenidos, y esto es un problema porque casi todo lo que nos rodea tiene poco sentido relativo. Así hay individuos que pasan por la vida intentando buscar una razón a las acciones y situaciones antes de encararlas, y el resultado es que se paralizan y nunca hacen nada.

El aburrimiento tiene distintos grados de análisis. El escritor y político francés François René de Chateaubriand se lamenta, en sus *Memorias de ultratumba*: "Fuera de la religión, no tengo ninguna creencia. Fuese pastor o rey, ¿qué hubiese hecho con mi cetro o con mi cayado? Me habría fatigado igualmente de la gloria y el genio, del trabajo y el ocio, de la prosperidad y del infortunio. Todo me cansa: remolco penosamente mi hastío junto a mis días y voy por doquiera bostezando mi vida".

Según el filósofo alemán Martin Heidegger, "el hastío es el comienzo de la angustia, que es la que predispone a un análisis más profundo del ser". El hastío es la sensación más lúcida y esclarecedora que existe.

LOS EXCESOS DESORDENADOS DE LA CULTURA

Existe un abarrotamiento de productos culturales en el mercado, lo cual hace casi imposible que se descubra la verdad sobre la cultura misma. El fastidio creciente que produce la cultura no es fruto de la casualidad. Se trata de la organización misma del aburrimiento, que logra autoabastecerse.

Si todos y cada uno de los miles de libros que se editan fueran presentados como lo que son, ociosos y superfluos, la reproducción de la letra impresa tendría un carácter de regocijo. Cada persona que leyera un libro aceptaría la verdad. Daría lo mismo, en lo relacionado a la sabiduría, haber leído un libro que millones. No existiría ninguna causa valedera para leer un segundo libro después del primero, sino cierto sentimiento de lealtad con las cosas que causan placer. Hay una anécdota que contaba el escritor irlandés George Bernard Shaw sobre un amigo, quien en su juventud había leído el fantástico *Colmillo blanco,* de Jack London, y que nunca más tomó otro libro, con el argumento de que era imposible que se hubiera escrito algo mejor. Es casi revolucionario en estos tiempos, cuando se trata de convencer al público de que cada nueva publicación es fundamental e indispensable, fomentado por el gacetilleo de las revistas culturales.

Pero esta situación no se da sólo en la literatura, también la vemos en las artes plásticas y en otras disciplinas. Es alarmante cómo la gente, infectada por el virus de la cultura, busca mes a mes, quincena a quincena o semana a semana —según la gravedad de la enfermedad en cada caso—, "qué hay de nuevo". No ocurra que en una charla entre amigos quedes como un ignorante, que aún no conoces aquello de lo que todo el mundo habla. La cultura hoy tiene sentido comercial e ingresa en los grupos que la consumen si es "nueva". Esta garantía hace que el mercado esté invadido por infinita cantidad de productos que se relanzan, y la industria diversifica, sin ningún tipo de limitación. Por lo tanto, estamos en presencia de más aburrimiento y menos lucidez: la ventura de Buda se desdibuja en anécdotas triviales, pero triunfa el gurú de turno que encanta a señoras y hombres que ven en sus palabras, aderezadas por el marketing, una oportunidad para encontrar un nuevo camino en sus vidas o, por lo menos, algo para comentar con sus amigos.

Estamos viviendo en tiempos en los que la pedagogía contemporánea promueve en forma incansable la imagen de la cultura acumulativa como un camino para alcanzar mejores conocimientos. Algo que es, a todas luces, una falsedad.

VII. La envidia

El Ángel Caído sostiene que el escritor lo envidia

Satanás: *Estás viniendo a consultarme muy seguido. ¿No será que me tienes envidia?*

El escritor: *Envidia no, curiosidad tal vez, pero te reconozco el mérito: siempre me pregunté qué sería de nosotros sin ti. Debo reconocer que no ocurriría realmente nada divertido, nuestras peripecias no tendrían perspectiva. Hay algo que no entiendo (y que no nos escuche tu ex jefe): ¿Por qué se supone que cada uno de nosotros tiene un ángel de la guarda, pero no poseemos nuestro demonio individual?*

Satanás: *Muy sabio lo suyo, filósofo. Pero no sé si podríamos disponer de un demonio para cada individuo. Ésta es una profesión que requiere mucha capacidad, y en ese rubro andamos un poco cortos de personal. ¿Así que no me tienes envidia a mí?*

El escritor: *Por más que llamen mi atención y me interesen algunas de tus habilidades, Lucifer querido, estoy más conforme conmigo mismo que contigo.*

Satanás: *¡Tú te lo pierdes! ¡No sabes lo feliz que serías si fueras como yo!*

El escritor: *La envidia es agradable fundamentalmente para el envidiado. La mayoría de las actitudes de ostentación social no tiene otro objetivo más que lograr la envidia del otro. El que compra un coche de veinte metros y con una rubia despampanante incluida lo que busca es ver a los demás temblando de envidia frente a él. Pero esto también demuestra que la envidia es un acto de carácter plenamente social. El envidiado siempre necesita del otro. Hay una anécdota que cuentan en España: el famosísimo torero Luis Miguel Dominguín tuvo una aventura amorosa con la actriz Ava Gardner. A medianoche, él se levantó de la cama y empezó a vestirse apresuradamente, entonces ella le dijo desde el lecho: "No hay apuro, ¿adónde vas?", y él le respondió: "¡A contarlo!"*

Satanás: *¡Ah! ¡La envidia es maravillosa! Como bien dices, sobre todo para nosotros, los que somos tan envidiados... Es compañera fiel, yo la llevo siempre conmigo.*

El escritor: *Voltaire decía: "La mejor venganza contra nuestros enemigos es ser felices". Luzbel, tú sabes que esto es lo que les jode de verdad. Tú eres feliz y ése es el peor castigo para quienes te odian, porque sufren con tu bienestar.*

Satanás: *Magnífica idea. Tengo que ponerla más en práctica.*

La envidia es una declaración de inferioridad.

Napoleón Bonaparte

La envidia, definida como la tristeza ante el bien ajeno, ese no poder soportar que al otro le vaya bien, ambicionar sus goces y posesiones, es también desear que el otro no disfrute de lo que tiene.

¿Qué es lo que anhela el envidioso? En el fondo, no hace más que contemplar el bien como algo inalcanzable. Las cosas son valiosas cuando están en manos de otro. El deseo de despojar, de que el otro no posea lo que tiene, está en la raíz del pecado de la envidia. Es un pecado profundamente insolidario, que también tortura y maltrata al propio pecador. Podemos aventurar que el envidioso es más desdichado que malo.

El envidioso siembra la idea, ante quienes quieran escucharlo, de que el otro no merece sus bienes. De esta actitud se desprenden la mentira, la traición, la intriga y el oportunismo.

La envidia es muy curiosa porque tiene una larga y virtuosa tradición, lo que parecería contradictorio con su calificación de pecado. Es la virtud democrática por excelencia. Por ella, la gente tiende a mantener la igualdad. Produce situaciones para evitar que uno tenga más derechos que otro. Al ver un señor que ha nacido para mandar, dices: "¿Por qué estás tú allí y no yo? ¿Qué tienes que yo no tenga?". Entonces la envidia es, en cierta medida, origen de la propia democracia, y sirve para vigilar el correcto desempeño del sistema. Donde hay envidia democrática, el poderoso no puede hacer lo que quiera. Si hay quienes no pagan impuestos, comienza la reacción de aquellos que envidian esa situación y exigen que los privilegiados también paguen. Sin la envidia, es muy difícil que la democracia funcione. Hay un importante componente de envidia vigilante que mantiene la igualdad y el funcionamiento democrático.

En la tradición cristiana, es definida como "desagrado, pesar, tristeza, que se concibe en el ánimo, del bien ajeno, en cuanto éste se mira como perjudicial a nuestros intereses o a nuestra gloria".

Respecto de la envidia, Mujica asegura: "Tengo dos opciones: gozar el bien o no, porque yo solamente concibo la experiencia del gozo propio. No soy capaz de gozar lo otro. Entonces necesito que eso que el otro tiene sea mío para poder gozarlo. En la generosidad yo gozo que el otro lo tenga, y por lo tanto soy más que mí. Soy en ese gozo. En la envidia todo tiene que estar en mí para ser gozo. Soy incapaz de gozarme en otro. Lo que a mí me intriga es la importancia que le daban a la envidia en la antigüedad. Por ejemplo, en la vida monástica el resumen está en la frase 'Quédate en tu celda y tu celda te enseñará todo. No hay que moverse, no hay que ir de un monasterio a otro; si quieres irte, estás huyendo'. Pero también decían: 'Si en un monasterio te envidian, cambia de lugar porque no podrás crecer'. Se tomaba la envidia muy en serio, porque afectaba al individuo".

Este pecado propicia la sensación de que uno podría tener todo lo bueno de los otros. Si tú le envidias la mujer al otro, deberías aceptar todo lo que el otro es, quiere, piensa y siente, y por lo tanto dejar de lado todas las cosas que tú quieres, piensas, sientes. Tendrías que convertirte en el otro, algo que nadie está dispuesto a hacer. Porque todo el mundo quiere tener las ventajas del otro, pero a partir de la concepción propia. Nadie está dispuesto a decir: "Bórrenme a mí y escriban el otro, porque lo que quiero es ser yo con lo del otro". El que envidia estaría en el mejor de los mundos si pudiera lograr una disociación con el otro: quitarle para sí toda la parte que no le gusta y quedarse sólo con lo que le gusta, sin tener en cuenta que todos los bienes y beneficios tienen un costo en la vida.

> Después de aquellos que ocupan los primeros puestos, no conozco a nadie tan desgraciado como quien los envidia.
>
> MADAME DE MAINTENON

La envidia por lo bello está vinculada con el concepto de belleza que ha manejado el hombre a lo largo de la historia.

Las esculturas y los grabados prehistóricos nos muestran figuras femeninas voluminosas, incluso deformes, que reflejan el interés por la fertilidad. Los cánones de belleza griegos no toleraban ni la grasa ni los senos voluminosos. Era necesario cultivar el cuerpo para conseguir la perfección estética, que consistía en poseer un cuello fino y esbelto y los hombros proporcionados, además de tener senos pequeños y fuertes. Los griegos difundieron por Europa gran cantidad de productos de belleza, de fórmulas de cosmética, así como el culto al cuerpo y los baños; en resumen, el concepto de la estética.

Actualmente, a la eterna necesidad de belleza en el mundo femenino se han unido la ciencia y un nuevo sistema de vida en el que es imposible separar la actividad diaria del aspecto personal.

El actor argentino Enrique Pinti asegura: "Nadie se enorgullece de ser envidioso, pero ahora se ha inventado una nueva definición posmodernista: 'Te envidio bien, te tengo una envidia sana'. No creo que eso exista. Una cosa es admirar a alguien y decir: 'Quiero ser como él'. La emulación es algo positivo. Pero no es sano envidiar y que te envidien. La verdad es que uno sufre muchísimo cuando envidia. Uno envidia a sus hermanos por celos con los padres porque imagina que les dan más. Entonces, empezamos a creer que tenemos a todo el mundo en contra, que existe una conspiración mundial contra nosotros".

El filósofo francés Denis Diderot decía que en las desgracias de nuestros amigos siempre hay un punto de contento. Lo que no quiere decir que no corras a ayudar a tu amigo, prestarle dinero, llevarlo al médico. Pero a veces un mal trago ajeno despierta la frase "Mejor él y no yo". Esto nos hace considerar que existe una especie de relación entre los males y los bienes que vienen en un número determinado. Si yo deseo y no tengo un automóvil de colección, es porque lo posee otro. Llegamos a considerar que no hay otro coche más que "ése" para tener. Lo mismo ocurre con el mal: si al "otro" le ocurre algo, de alguna manera yo me he librado de "ese" problema.

Hay gente que no tiene dinero para comer bien en la semana, pero conserva sus mejores trajes y un gran automóvil porque ésos son los elementos que despertarán envidia en los demás. No se busca tener lujos auténticos, sino solamente estar en el escaparate para ser admirado.

Para Abboud, "la envidia es como un jarabe amargo: cuando uno lo toma, difícilmente pueda sacarse el sabor por mucho tiempo. Nunca es causa de felicidad, sino de sufrimiento. La envidia está relacionada con aquello a lo que nosotros creemos que podemos acceder. Es más fácil tenerle envidia al vecino que se compró un coche último modelo que al cargo de zar de todas las Rusias. En el modelo islámico, la envidia es un elemento que enferma el corazón. Le gente envidia el éxito, el reconocimiento, el dinero o la belleza. No envidiamos cosas esenciales: por ejemplo la salud o la fe del otro. La envidia se combate luchando contra el ego. Porque justamente es la posibilidad que tenemos de ser artífices de nuestro destino, en la creencia de la misericordia de Dios".

Este sentimiento también produce temores en los envidiados, cuando llegan a pensar que aquellos que los envidian quieren hacerles un daño o quitarles algo. La propia naturaleza de la palabra *in-video* significa, literalmente, "el que no puede verte". El bienestar del otro es un detonante. Cuando uno es un poco malicioso y quiere ver sufrir a sus enemigos, disfruta con la envidia.

ENVIDIAR LO QUE NO EXISTE

En la actualidad, los medios de comunicación tienen mucho que ver con la motorización de la envidia. No hay programa de televisión o revista de actualidad donde no se nos enrostre la felicidad de una pareja mediática, las vacaciones caribeñas de incipientes modelos o el nuevo piso de la estrella de turno. El periodista argentino Jorge Rial, experto en temas del mundo del espectáculo, asegura: "La envidia a los famosos está basada en una realidad ficticia. Se codicia la imagen que ellos proyectan, no lo que son. Se envidia algo que realmente no es".

Rial cuenta: "Hay muchos famosos cuyo máximo talento es exhibir sus romances, ante la incapacidad de demostrar otro talento artístico. Una vez que abriste la puerta del baño, al cerrarla hay treinta periodistas detrás...".

En esta sociedad lo primero que hay que lograr es crearse la fama de que eres algo, sin serlo necesariamente. La creencia de los demás de que el otro es exitoso es lo que fomenta una cadena de errores y de envidias añadidas. Un amigo, que tenía un éxito apabullante con las mujeres, siempre me decía: "Lo importante es que crean que eres irresistible. Entonces se acercan a ti para saber qué tiene este tipo".

Muchas veces, se envidian situaciones idílicas sobre las que no se tiene suficiente información. Montaigne destacaba la envidiable sencillez natural de la convivencia de los pueblos considerados salvajes por los europeos de la época, quienes carecían de la intoxicación que las leyes civilizadas obligaban. Doscientos años después, Rousseau, Diderot, Giambattista Vico y Sade fortalecerían estas teorías, sustentadas en la envidia al buen salvaje. Sostuvieron el mito de la convivencia basada en la tolerancia y en la paz, sensualmente rica pero sin impudicia, abundante en bienes comunes, que eran de todos y al mismo tiempo de nadie. Pero las envidias suelen ser disímiles y tienen que ver con los deseos de cada uno. Frente a esta corriente de envidiosos de una forma de vida, se alzó el urbano y progresista Voltaire, cuando le dijo a Rousseau: "No me hará usted andar en cuatro patas a mis años, ni me convencerá de las alegrías sin disturbio de la selva. No me gusta comer bayas silvestres y me aburren los monos. La felicidad es una buena cena, compañía, conversación agradable, una hermosa función de teatro: la noche de París".

> El tema de la envidia es muy español. Los españoles siempre están pensando en la envidia. Para decir que algo es bueno, dicen: "Es envidiable".

> JORGE LUIS BORGES

En mi caso, me alegro de verme rodeado de escritores de mayor valía, porque la obra de los otros siempre me ha hecho disfrutar mucho más que los esforzados y siempre corregibles escritos que yo mismo genero. En particular, he sentido un gran afecto por la persona y obra de Guillermo Cabrera Infante. Durante treinta años, su casa de Londres fue parada obligatoria de mis viajes anuales a Inglaterra, para asistir a las impostergables citas hípicas. Junto a él siempre estaba Miriam Gómez, una contadora sin igual de historias, fábulas y anécdotas. Conversar con Guillermo fue uno de mis tesoros intransferibles. Pocos me han nutrido como él en materia de cine o literatura. Su habilidad era innata para la conversación chispeante y divertida, basada en una erudición —que allí sí— debería calificarla de envidiable.

La envidia que me provocaron los grandes escritores fue un motor fundamental en mi vida. Por ejemplo, el deseo de emulación que me suscitó Borges a los dieciséis años y, luego, la admiración hacia Shakespeare y Thomas Mann. Pero siempre tuve una envidia que carecía de mezquindad, nunca pretendí que el talento de los otros se borrara.

En definitiva, admiramos con lo que hay de admirable en nosotros. Nuestra parte admirable es la que admira a los demás.

Tenemos que ser agradecidos con lo sublime. Las maravillas que legaron Beethoven o Proust fueron producto de su esfuerzo y entrega. Debemos agradecer su virtuosismo y su compromiso con el arte.

Satanás, el Infierno y el Paraíso

Alguna vez, refiriéndome a Satanás, me pregunté qué sería de nosotros sin él. Prácticamente nadie nos presta tanta atención como ese celoso enemigo... Hasta Dios bostezaría sobre nuestras vidas si Satán no colaborase, en el argumento que representamos, con su dosis de picante.

La próxima vez que me encuentre con el Diablo parafraseará al *Fausto,* de Goethe: "Se dará cuenta de que todo lo que hace usted por romper y destruir el orden, en el fondo, lo refuerza. En definitiva, todo lo que está haciendo es para bien, no para mal. Usted está trabajando como un empleado. Se rebeló contra su jefe, pero sigue siendo el empleado de siempre". Una vez aclarado este punto, me interesaría mucho que me contara cómo hace para transformar los vicios que con el tiempo han adquirido mala fama. Y así la soberbia queda como autoestima, la envidia como justicia democrática, la ira como intolerancia ante los males del mundo. El Diablo es un extraordinario gerente de marketing, que ha logrado vender cada vicio como una virtud.

El Mefistófeles de Goethe es un diablo bastante secundario, pero en el cual el autor ejemplificó con certeza la auténtica maldición de lo diabólico, su verdadero Infierno: ser la coartada que justifica la necesidad del bien. Al negar implacablemente su verdadera esencia, Mefistófeles galvaniza el alma debilitada de Fausto y le insufla el ímpetu suficiente para salvarse siendo de nuevo el que ya era y que, por miedo a no poder serlo del todo, había renunciado a ser. A fin de cuentas, es Fausto quien condena —o reitera la condena— al sentenciado Mefistófeles.

"Nosotros hemos incorporado el concepto del Ángel Caído en el Islam, pero desde otra perspectiva —explica Abboud—. Los ángeles son creados desde la luz; Satanás nace desde el fuego, y es el jefe de los *yins*, que son genios que viven en un mundo paralelo al del hombre. Satanás, al igual que los ángeles, tenía la obligación de obedecer a la divinidad. Todo se complica cuando Dios les pide a los ángeles y a Satán que se arrodillen frente a su nueva creación: el hombre. Lucifer se niega argumentando que él, que fue creado del fuego, no puede prosternarse frente a un ser que nació del barro. En ese momento se produjo el rompimiento. El mal es algo que entra y sale de los hombres, aunque el diablo y los genios sean una presencia en sí."

Diábolo significa "en medio", el que está *dia bando*. Es decir, lo diabólico es crear discordia, que en el fondo es lo que hacen los vicios. Porque el que quiere tener todo no deja para los demás. Los que quieren acaparar a las mujeres no dejan para los otros, los que mienten, los que envidian, los que se enfadan, son personas que crean discordias entre los seres humanos. Los viciosos son aquellos que crean desorden social.

"*Símbolo* es lo que reúne —comenta Mujica—, *diábolo* es lo que separa. En la antigüedad dos personas se ponían de acuerdo en algo, tomaban un pedazo de arcilla, lo partían y cada uno se quedaba con una parte. Así se firmaba un contrato. Entonces, si surgía algún pleito se iba ante un juez, se mostraba que las dos partes encajaban y eso legalizaba la confrontación. Se trata de un símbolo, que quiere decir que toda presencia tiene una mitad de ausencia y todo lo presente no se agota en sí mismo, sino que siempre hay algo que está detrás. Lo diabólico es separar esa mitad y tomarla como un todo. Eso es lo idolátrico, que en vez de mediación se vuelve finalidad."

Respecto del Infierno, he tenido imágenes que —supongo— son las tradicionales que posee toda la gente. La cosa siempre me ha parecido muy inverosímil. Nunca pude conciliar en mi mente la idea de la bondad divina con la del Infierno. Pero para mí las imágenes de Gustavo Doré en *La Divina Comedia* son el verdadero Infierno. Mi padre tenía, y ahora la guardo yo, la edición de dos tomos gigantescos, con la traducción de don Juan Artzenbusch, de la obra del Dante, con las ilustraciones maravillosas de Doré, que siempre me encantaron y me encantan. Me pasaba el día mirando el Infierno y el Purgatorio en cada uno de sus detalles. En realidad, el Paraíso no me interesaba para nada, en cambio a los otros me los sabía de memoria. Cuando mi madre se dio cuenta, a mis siete años, de que no veía de un ojo, me llevó al oculista. Este buen señor tenía encima de un armario un busto del escritor, yo entré y dije: "Mira, Dante Alighieri". El oculista miró el busto, me miró a mí, al busto y a mi madre, y confesó: "Pero mira qué bueno... lo he tenido toda mi vida y no sabía quién era". Mi Infierno es el del Dante... a falta de otras cosas, no hay duda de que es un Infierno prestigioso.

Dante se mostró cuidadoso con las proporciones. De los cien cánticos de la obra, uno es de introducción y el resto se dividen en partes iguales para el Cielo, el Infierno y el Purgatorio, que son recorridos por el autor buscando a su amada Beatriz, quien se encuentra en el Cielo. Dante es acompañado por el poeta clásico Virgilio. El Infierno está compuesto por nueve círculos concéntricos, en los cuales los pecadores son sometidos a todo tipo de tormentos. El Purgatorio es una montaña con siete cornisas, que corresponden a cada uno de los pecados, y allí los pecadores tienen que llevar a cabo una serie de penitencias para poder ser admitidos en el Cielo. Precisamente ese lugar está dividido en nueve círculos brillantes, al final de los cuales está Dios, y en cuyo recorrido están los mayores santos de la cristiandad.

Pero la idea más interesante de *La Divina Comedia* era que Dante no mandaba a ese Infierno a muertos, sino a gente que aún vivía, a quienes ya les tenía preparado su propio Infierno.

Abboud asegura: "Desde el punto de vista islámico, el Paraíso y el Infierno son dos estados de ánimo, no se trata simplemente de dos lugares. Cuando el individuo da testimonio de fe de que no hay más que un Dios, también incluye en su creencia a los ángeles, y a la existencia del Infierno, el Paraíso y la misión de los profetas.

"Podemos decir que el Paraíso es un lugar destinado a los que obraron bien, y el Infierno a los que lo hicieron mal. Pero, básicamente, es para quienes no han creído y negaron la fe en Dios. Los castigos y los beneficios del Paraíso y el Infierno están relacionados con sensaciones perceptibles en la vida terrenal. Por ejemplo, la idea de los tormentos está descripta con claridad; es como en tu vida cotidiana, pero multiplicada y sin punto de comparación. Es un lugar donde todo aquello que quisiste es imposible de obtener. En el Paraíso, el alma estará con los seres que realmente amó. Allí la idea de lo puro está representada en todos y en cada uno, y donde todavía uno conserva parte de su voluntad, porque fue precisamente la voluntad la que lo llevó a ese lugar. En cambio, los ángeles se diferencian de los humanos porque se trata de seres carentes de voluntad, cuya única misión es obedecer. Respecto del Infierno, creo que una buena alegoría es relacionarlo con la guerra. Es la contraposición de la paz. Es el lugar donde hasta las cosas más sencillas se hacen difíciles y dolorosas".

Abboud reconoce: "El sistema es complicado, porque ¿quién es virtuoso? ¿Aquel que vivió una existencia disipada, y momentos antes de morir decide hacer una vida de penitencia y moralidad? ¿O aquel que fue un observador de las reglas y normas sociales y religiosas, y un año antes de morir decide dedicarse a las mujeres, el alcohol, a perjudicar a los demás? ¿A quién le corresponde el Cielo? ¿Al que comenzó siendo virtuoso, o al que terminó así? Para el Islam, la vida está definida por cómo uno muere. Si se muere o no musulmán. Pero esto no quiere decir que los musulmanes, aunque sean creyentes, estén libres de probar el Infierno".

¿UN LUGAR DESPUÉS DEL MUNDO?

Los Paraísos deberían ser monoplazas. Es decir, responder a lo que cada uno quiera. Los Paraísos convencionales dan por supuesto que los deseos son homogéneos. ¡Dejemos que cada uno tenga su Cielo! Muchas veces, vemos gustos que los demás aprecian y que a uno le horrorizan. Para algunos, el Cielo está relacionado con las convocatorias sociales: los cócteles, las fiestas, las comidas, adonde muchos se mueren por asistir. Mi Paraíso, en cambio, sería más solitario y discreto.

Es mucho más fácil crear un Infierno que un Cielo. Porque si bien los seres humanos deseamos cosas diferentes, les tememos a las mismas. De hecho, los gobernantes confían más en el terror que en el premio. Porque cuando se amenaza a una sociedad con cortarle la cabeza a todo aquel que se oponga, esto produce un miedo generalizado (aunque haya todo tipo de reacciones, desde enfrentar la situación hasta acatarla). Es evidente que las promesas de Infiernos son más convincentes.

"Cuando lleguemos al otro mundo —dice Goldman—, después de la desaparición física, la primera pregunta que se nos va a hacer es: '¿Diste y recibiste con fidelidad a tus principios y diste y recibiste con amor?'. En este punto me parece que no se trata de llevar la Tierra al Cielo, sino el Cielo a la Tierra. En realidad, hay una discusión sobre si existe un lugar más allá o no, y qué es lo que pasa en él. La idea judía es la de un mundo mesiánico, la del mundo que tenemos que traer. Nosotros insistimos en qué es lo que hacemos en esta vida y no en lo que va a pasar en la otra. Es decir, cuál es nuestra responsabilidad en el tiempo que vivimos, no qué es lo que sucederá al morir. La trascendencia de uno tiene que ver con las manifestaciones que ha dejado en su vida y con cuál será el recuerdo que tengan los demás. Hay un proverbio que dice: 'Es mejor un buen nombre que un buen perfume', porque cuando uno se refiere al nombre de alguien con cariño, con amor, es como si aspirara la esencia del otro. Hay aromas que evocan cosas, también hay nombres que evocan cosas lindas."

Se ofertan nuevos pecados

Hay actitudes que pueden considerarse como nuevas formas de pecar. Son las que se basan en la desconsideración por parte del otro. Por ejemplo, no son pocas las veces que le digo a un amigo: "Quedemos en comer a las dos, porque tengo que salir a las tres y media para otro lado". Todos te dicen que allí estarán puntuales. La verdad suele ser otra, llegan veinte minutos o media hora tarde, y se las arreglan para reprocharte: "Tú siempre tan puntual". Además de la desconsideración, rozan la soberbia y la avaricia, porque llegan a la hora que quieren, se creen por encima del otro y, también, acaparan el tiempo de los demás.

Tal vez, el principal pecado de la humanidad en la actualidad sea la crueldad, palabra que viene de *cruor*, que significa "la sangre se derrama". Una persona cruel no es buena. Pero todo tiene que ver con la profesión de cada uno y las obligaciones. Llevado al absurdo, un cirujano no puede desmayarse cada vez que ve una gota de sangre, porque no es lo que se espera de él.

Hay virtudes y vicios que dependen del papel que tengas en la sociedad. A algunos artistas e intelectuales se les reprocha su vanidad, pero si no tuvieran cierto deseo de exhibición o de alcanzar prestigio no pintarían ningún cuadro ni escribirían ninguna novela. Muchos grandes concertistas necesitan tener cierto carácter exhibicionista para sentarse al piano.

Dice Goldman: "El gato no piensa acerca de su condición. El pensarse a sí mismo como tercera persona es una característica exclusiva del hombre, que tiene como otra propiedad diferenciadora el desarrollo de la idea de la previsión. Hay dos tipos de sociedades básicas que se dan en el texto bíblico: la de cazadores y la de agricultores. En la segunda, los individuos pueden pensar con un sentido de futuro, mientras que los cazadores piensan sólo en un presente perpetuo. Nuestra sociedad, en muchos aspectos, se parece a la de los cazadores, ya que por los extremos de competitividad que se viven todo se transforma en presente perpetuo, donde hay que cazar al otro y destruirlo para poder triunfar y ser reconocido.

"En cambio, en una sociedad de agricultores se toma como variante el sentido del tiempo que está por venir y la posibilidad de saber esperar. Esperar significa la posibilidad de desarrollar la esperanza, que es el elemento que se opone al Infierno. Una sociedad competitiva es desesperanzada. Es la que hoy vivimos, que no encuentra sentido a la vida y la transforma en algo vacío, que llena ese faltante con elementos materiales y excesos".

Para Abboud, el principal pecado del mundo moderno "es el fundamentalismo: económico, social, religioso, estatal y privado. Otro de los pecados es la corrupción, porque permite ubicarse por encima de la ley a unos sobre otros, violando los derechos de igualdad y generando situaciones de injusticia en todos los terrenos. También azota a la humanidad la indiferencia. No importarle a nadie que mueran miles de personas porque no les llegó el alimento o los medicamentos previstos, o que se destruyan millones de hectáreas boscosas en nombre de un falso progreso. O que se tolere la discriminación por raza o religión en nombre de un fundamentalismo que pretende decidir quién es más puro o mejor".

Para Rivera Letelier hay otro pecado, el consumismo: "Creo que es un pecado de los pecados, porque involucra la avaricia, la envidia y la gula, por eso de comprar y comprar".

El egoísmo es para muchos el gran mal de estos días. Pero no hay que olvidar que el egoísmo racional está en la base de la ética clásica. Aristóteles habla de la *filautía*, que es el amor a sí mismo. Se trata de un amor a uno mismo bien informado. Esto quiere decir que hay que saber muy bien qué es lo que le conviene a uno. Y esto no es tan fácil, porque solemos tener imágenes de nosotros o de nuestros deseos que pueden estar suscitadas por la presión del medio, por la fascinación, por la influencia de los demagogos, etcétera. Por lo tanto, no creo que exista ninguna contraposición entre el egoísmo y las actitudes éticas, que lo único que reclaman es que realice una verdadera reflexión sobre lo que realmente me conviene. Pero también es real que el amor no tiene por qué ser informado, y ése es el esfuerzo que hay que hacer: informarse. Los humanos somos seres sociales, no colectivizados. Vivimos en un lenguaje que hemos inventado, y nuestra mente y nuestro pensamiento se basan en ese lenguaje inventado. Así llevamos a la sociedad con nosotros. La idea de amarse a uno mismo implica hacerlo en forma total: amar nuestras potencias intelectuales, amar nuestro cuerpo, y amarnos en condición de sociabilidad. En definitiva, el solidario no es que se ame menos a sí mismo, sino que está mejor informado sobre lo que más le conviene.

Es curioso que, en los pecados tradicionales, la mentira no esté consignada, y tampoco la sinceridad o la veracidad aparecen como virtud. Por lo que creo que un vicio a señalar en la actualidad es la falsedad, el ocultamiento de la realidad. La gravedad de este tema está dada porque los ciudadanos tienen que tomar decisiones, para lo que necesitan información veraz.

Según Enrique Pinti, "muchas veces el habla popular es más clara que cualquier teología. La gente considera un pecado perderse el crecimiento de los hijos, no disfrutar de la vida, no comunicarse; en definitiva, no aprovechar el poco tiempo que uno pasa en este mundo".

Para Goldman, "otro de los temas que hay que analizar en profundidad es la relativización, que ha permitido que hayan sido transgredidos los límites en cuestiones básicas que tienen que ver con la vida. Por ejemplo, la relativización de los mandamientos ha generado justificaciones para genocidios de pueblos enteros. En algún punto se perdieron la cordura y la mesura. Todo parece dar lo mismo. Una muestra es el concepto de acumulación, que puede llevar a la destrucción, ya que sin poner ningún tipo de límites se desarrolla una idea de la competencia frente a todo y a todos. Una cosa es cuando la competencia nos lleva a la creatividad, que es algo bueno, y otra muy distinta cuando la dinámica ilimitada nos empuja a querer destruir al que está enfrente. El exceso de lo público lleva a la destrucción de lo privado, y viceversa. La civilización como tal es la búsqueda de nuevos modelos que de alguna manera vayan ayudando al bien del hombre. El problema es cuando las cosas se dan al revés y el exceso de la búsqueda de la felicidad se opone a la sensación del bien.

"Un elemento clave en el desarrollo humano —asegura Goldman— es contar con un adecuado sentido de autocrítica. De lo contrario, el hombre no progresa. Siempre va a existir un exceso: de lo privado frente a lo público, de lo positivo frente a lo negativo. La autocrítica permite mantener el sentido común. Además, evita adoptar una actitud nostálgica, para decir que todo tiempo pasado fue mejor, y convencerse de que todo tiempo futuro será mejor. Dante narraba en su obra que en la entrada del Infierno había un cartel que decía: 'Despójense de toda esperanza'. Es decir, creer que lo que viene después será peor. Yo estoy convencido de todo lo contrario".

El premio Nobel de Medicina Konrad Lorenz denuncia en su libro *Los ocho pecados capitales de nuestra sociedad* los nuevos pecados que amenazan a la humanidad: la superpoblación, la devastación del espacio vital, la competencia entre los hombres, la extinción de los sentimientos, el deterioro del patrimonio genético, la tradición demolida, el adoctrinamiento fundamentalista y las armas nucleares.

El líder pacifista indio Mahatma Gandhi tenía su propia versión sobre los siete pecados: riqueza sin trabajo, placer sin conciencia, conocimiento sin carácter, comercio sin moral, ciencia sin humanidad, culto sin sacrificio y política sin principios.

Uno de los dilemas éticos de la humanidad es cómo continuar y qué aplicación deben tener algunos avances de la ciencia que rozan la soberbia. Según explica Nelson Castro, a partir del desciframiento del genoma humano y con el aporte de la biología molecular, en teoría podría modificarse la genética de una persona. "Llegará el día en que se logre un ser humano carente de imperfecciones, casi divino. Pero el alma es mucho más que la bioquímica."

Yo soy miope, y llevo gafas porque quiero ver bien. No hay por qué soportar lo que son obvias limitaciones, imperfecciones, enfermedades. Pero la ira, la lujuria o la gula, por ejemplo, que son elementos negativos, son partes fundamentales de la vida y, por lo tanto, la biología molecular puede transformarse en una peligrosa arma para deshumanizarnos. Nuestra obligación como seres humanos es administrar las pasiones y pulsiones, y no caer en la tentación del individuo supuestamente perfecto que funcione como un autómata.

Todos partimos de un azar que nos configura. Si imaginamos la posibilidad de generar seres con determinadas características, lo más probable es que el que los haga creará seres sometidos a sus intereses, con debilidades y virtudes que sólo le sirvan a él.

En los sentidos fisiológico y sociológico, el hecho de que todos los seres humanos provengamos de un apasionamiento físico, y no de un laboratorio, tiene una enorme importancia simbólica. Nacemos del azar de un caos. Cuando surgen estos temas recuerdo la novela de Aldous Huxley, *Un mundo feliz*, donde todo estaba perfectamente diagramado, y había seres que tenían que cumplir ciertas funciones y no otras. Así, sólo había entes manipulados que habían perdido la esencia de los humanos.

Corremos un gran peligro: que las personas supuestamente perfectas pierdan la posibilidad de ser perfectibles. El ser humano debe hacerse a sí mismo en forma permanente.

Referencias biográficas de las personalidades mencionadas

ALBERT CAMUS

Nació el 7 de noviembre de 1913 en Maondovi, Argelia. Pasó toda su niñez en uno de los barrios más pobres de Argel. Gracias a una beca pudo comenzar a estudiar y a tener los primeros contactos con los libros. Estudió Filosofía y Letras y luego se dedicó al periodismo como corresponsal del *Alter Republicain*. En 1942 publicó la novela *El extranjero*, ambientada en Argelia, como la mayoría de sus narraciones siguientes. En 1957 recibió el Premio Nobel de Literatura y tres años después murió en un accidente automovilístico en Villeblerin (Francia) el 4 de enero de 1960.

ARISTÓTELES

Nació en Estagira, Macedonia, en 384 a.C. A los diecisiete años viajó a Atenas para asistir a la Academia de Platón, donde estuvo durante veinte años. Luego se trasladó a la ciudad de Asia para asesorar a su amigo Hermias. Tras la ejecución de éste a manos de los persas en el 345 a.C., Aristóteles se instaló en Pella, donde fue tutor del hijo menor del rey, Alejandro, que sería conocido como Alejandro III el Magno. Existen unas cincuenta obras y tratados de Aristóteles, distinguiéndose cuatro grandes grupos: Escritos de lógica, Escritos de filosofía de la naturaleza, Escritos de filosofía práctica y Escritos de poesía.

ARTHUR SCHOPENHAUER

Educado en el seno de una familia acomodada, recibió una esmerada formación cultural. Desde muy joven se relacionó con los ambientes intelectuales más selectos de la época. Cursó estudios de Medicina primero y más tarde de Filosofía en Berlín, donde unos años después impartiría clases. A lo largo de su trayectoria profesional escribió *Sobre la voluntad de la naturaleza*, *Aforismos para la sabiduría de la vida* y *Los problemas fundamentales de la ética*.

157

Augusto Comte

Nació en Montpellier, Francia, en 1798. A los dieciséis años ejerció como profesor sustituto de Matemática en el Instituto de Montpellier, lo cual lo llevó a convertirse en secretario de Saint-Simon. La relación que entablan le hizo tomar conciencia de los problemas políticos y sociales. Padre de la sociología, Comte es autor de otras obras fundamentales para la historia de la filosofía como *Discurso sobre el espíritu positivo* y *El sistema de la política positiva*.

Bernard de Mandeville

Nació en 1670 en Dördrecht. Doctor en Medicina por la Universidad de Leiden, su obra más famosa es *La fábula de las abejas* (1714), en la que señala que no es la virtud sino el egoísmo humano el verdadero fundamento de la sociedad.

Felipe IV el Hermoso, rey de Francia

Nacido en Fontainebleau, en 1268, fue hijo de Felipe III. Alcanzó el trono en 1285 y se convirtió en el primer monarca francés en convocar los Estados Generales, un parlamento en apoyo de su política.

Georges Bataille

Nació en 1901 en Billom, Puy-de-Dôme. Su contacto con la filosofía se inició con las lecturas de Nietzsche, realizadas en 1923, y de Hegel, en 1929. Su obra filosóficamente más importante la forman *La experiencia interior* (1943), *El culpable* (1944) y *Sobre Nietzsche* (1945), escritos durante la ocupación alemana, y Suma ateológica I (1954) y Suma ateológica II (1961). Son particularmente interesantes sus escritos sobre estética y erotismo.

Jean-Jacques Rousseau

Nació en Ginebra. En 1750 fue premiado por la Academia de Dijon gracias a su *Discours sur les Sciences et les Arts*. Su crítica a la sociedad contenida en *El contrato social* provocó que la obra fuera prohibida desde su origen. Fue precursor del pensamiento democrático y por eso muy criticado y perseguido, y hubo de sufrir permanentes cambios de residencia.

Nicolás Maquiavelo

Nació en Florencia en 1469. En 1498 desempeñó el alto cargo de secretario en la segunda Cancillería. Fue uno de los hombres de su tiempo que con mayor intensidad vivió el drama de Italia y de toda la Cristiandad. Entre 1498 y 1512 participó activamente en la vida política de Florencia, ocupando cargos de consejero político y diferentes misiones diplomáticas en circunstancias muy difíciles. Falleció en 1527.

RAFAEL SÁNCHEZ FERLOSIO
Inició estudios preparativos para ingresar en la Escuela de Arquitectura pero
los abandonó y pasó a estudiar lenguas semíticas en la Facultad de Filosofía y
Letras de la Universidad Complutense de Madrid, en la que obtuvo el doc-
torado en Filosofía y Letras. Su obra más importante va unida a un río que
discurre por el Corredor del Henares, *El Jarama* (Premio Nadal 1955 y Premio de la Crítica 1956).

SAN AGUSTÍN
Nació en Tagaste, África, el año 354; se formó en la filosofía y la literatura.
Llevó una vida dedicada al ascetismo y fue elegido obispo de Hipona. Durante los treinta y cuatro años en que ejerció este ministerio, fue un modelo
para su grey. Sus escritos lo convierten en uno de los más importantes filósofos de la Antigüedad. Sus *Confesiones* y *De civitate Dei* se encuentran entre los
clásicos del catolicismo. Murió en el año 430 en Hipona.

SAN ANTONIO DE PADUA
Nació en Portugal en 1195 como Fernando de Bulloes y Taveira de Azeve-
do, nombre que cambió por el de Antonio al ingresar en la orden de frailes
menores en la ciudad italiana de Padua. "El gran peligro del cristiano es
predicar y no practicar", sostenía. Era poderoso en obras y en palabras. Es
considerado el patrono de las mujeres estériles, los pobres, los viajeros, los
albañiles, los panaderos y los papeleros.

SANTO TOMÁS DE AQUINO
Nació en el Castillo de Rocaseca, Italia. Se destacó del resto de sus compañeros por su memoria e inteligencia: todo lo que leía o estudiaba lo aprendía
de memoria con una facilidad portentosa. Cuando conoció a los padres do-
minicos decidió convertirse en religioso, pero su familia se opuso; después
de superar varias pruebas ante el pecado su familia lo aceptó y él pudo desarrollar su verdadera vocación.

SÖREN KIERKEGAARD
Nació en Copenhague en 1813. La opresiva educación religiosa que vivió
en la casa paterna está en la base de su temperamento angustiado y su ator-
mentada religiosidad. Sin embargo, de puertas afuera mantuvo una disipada
vida social y se distinguía por la brillantez de su ironía. Sus primeros escritos
trataban de los dos estadios previos de la existencia humana. Kierkegaard
abordó la temática religiosa de un modo heterodoxo, ya que no indagó en la
naturaleza de la fe desde la premisa de la existencia de Dios sino desde la
subjetividad del individuo.